La Cucina Italiana

イタリアンの お料理教室

イタリア料理をプロに習いましょう!
シェフに根掘り葉掘り質問し、
だれでもおいしく作れるレシピが完成しました。
写真入りで、ていねいに説明しているから、
お料理教室で習っているような臨場感です。

ベターホーム協会編

ベターホーム出版局

indice
目次

primo piatto　パスタ・ピッツァ・リゾット

- 06_07　スパゲッティ・トマトソース
  アレンジ…ペンネ・アッラビアータ
- 08_09　ボローニャ風ミートソース
  アレンジ…なすのグラタン
- 10_11　スパゲッティ・カルボナーラ
  アレンジ…アスパラガスのカルボナーラソース
- 12_13　トマトの冷製カッペリーニ
- 14_15　ペンネパスタのサーモンクリームソース
- 16_17　ペスカトーレ（魚介のトマトソース）
- 18_19　春キャベツとアンチョビの
  スパゲッティ
  アレンジ…春キャベツのオーブン焼き
- 20_21　リングイーネのバジリコソース
  アレンジ…しそを使ったペーストソース
- 22_23　ペンネの4種類チーズソース
- 24_26　ピッツァ・マルゲリータ
- 27　　 ツナとたまねぎのピッツァ
  フォカッチャ
  コッコリ
- 28_29　いか墨のリゾット
- 30_31　ほたてとブロッコリーのリゾット
  アレンジ…カリカリパルミジャーノ

antipasto　前菜

- 32　ブルスケッタ ケッカ風
- 33　きのこのマリネ
- 34　シチリア風カポナータ
- 35　バーニャ カウダ
- 36　あじのエスカベーチェ
- 37　まぐろのカルパッチョ
  バルサミコ酢風味
- 38　オレンジとやりいかのサラダ
- 39　パンとトマトのサラダ
- 40　ズッキーニのグリル 目玉焼き添え
- 41　とりレバーのクロスティーニ
- 42　ナポリ風サラダ
- 43　トマトとズッキーニの卵焼き

secondo piatto　主菜

- 44_45　とりもも肉のディアヴォラ風
- 46_47　牛ヒレ肉の
  乾燥ポルチーニソース
- 48_49　豚ロース肉のチーズ焼き
  ボローニャ風
- 50_51　ミートボールの甘酢煮
  アレンジ…ミートボールのトマト煮
- 52_53　真だいの塩水ボイル
- 54_55　まぐろの赤ワインソース
  リボルノ風

dolce デザート

56_57　パンナコッタ
　　　　チョコレートソース添え
　　　　アレンジ…コーヒーパンナコッタ

58_59　桃とプルーンのコンポート
　　　　アレンジ…洋なしのコンポート

60_61　リコッタチーズの
　　　　アイスケーキ

62_63　パラディーゾ
　　　　アレンジ…マスカルポーネソース

64　　　オレンジのグラニータ

お店自慢のメニュー

66_67　1. コロコロきのこの
　　　　　リガトーニパスタ
　　　　2. ファルファーレの菜園風

68_69　3. とり肉と乾燥ポルチーニの
　　　　　ラグーソース
　　　　4. しらすとパン粉のスパゲッティ

70_71　5. ズッパディペッシェ
　　　　　（魚介のスープ煮）

72_73　6. ツナとトマトのサラダ風パスタ
　　　　7. ゆでだことドライトマトのサラダ

74_75　8. フワッと揚げたポテトフライ
　　　　9. いわしのサオール

76_77　10. 牛ロースのしゃぶしゃぶ風
　　　　　 グリーンソース

78　　　11. とりもも肉のローマ風煮こみ

piatto unico ワンプレートイタリアン

82_83　とり肉のパニーノ ＆ ミネストローネ

84_85　かじきのケッパーソース
　　　　　＆ カーチョエペペ（チーズとこしょうのパスタ）

86_87　豚ロース肉のタリアータ
　　　　　＆ パスタの卵焼き

88_89　カチャトーラ（とり肉の狩人風）
　　　　　＆ ペンネパスタのカチャトーラソース

90_91　野菜のパニーノ
　　　　　＆ じゃがいものココットグラタン

04_05　パスタのゆで方
79　　　残り野菜の活用法～ソフリット～
80　　　自家製ドライトマトを作ろう
92_95　イタリアンではこんなものを使います

この本のきまり

・計量の単位　大さじ1＝15㎖　小さじ1＝5㎖
　㎖＝cc　カップ1＝200㎖
・スープの素（固形スープの素）はチキン、ビーフなどありますが、お好みでかまいません。
・バターは特に指定のない場合は、有塩バターを使います。
・パルミジャーノチーズ＝パルミジャーノ・レッジャーノ（詳しくはP93）
・ペコリーノチーズ＝ペコリーノ・ロマーノ（詳しくはP93）
・オーブン、オーブントースター、電子レンジの加熱時間はめやすです。ようすを見ながら加熱してください。
・原則的に、鍋は厚手のアルミ素材の鍋、フライパンは厚手のフッ素樹脂加工のものを使います。また、使う鍋・フライパンの材質や大きさ、火力などによって火の通り具合は変わってきます。火加減や時間の表示は一応のめやすとし、ようすを見ながら加減してください。
・塩の量はあくまでめやすです。はじめは控えめにし、ようすを見ながらたしていくとよいでしょう。なお、塩少々とは、親指と人さし指でつまんだくらいの量です。

Metodo di cottura della pasta

パスタのゆで方

作るのも、食べるのも、いちばん多いイタリアンといえば、パスタ。
ゆで方やあえ方など、ちょっとしたコツで、プロ顔負けの味に！

1. たっぷりの湯でゆでる

お湯は、ひとり分（80〜100g）をゆでるときでも、できれば最低2.5ℓは用意したいところ。あとは、パスタの分量に合わせ、100gあたり1ℓの割合で湯の量を調節します（300gで3ℓ、400gで4ℓ…）。充分に沸とうさせます。

2. 塩味をしっかりつける

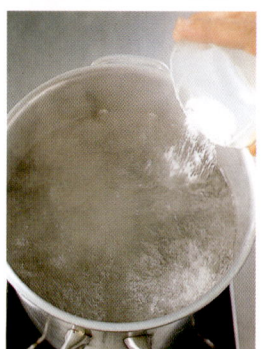

ゆで汁には必ず塩を加えます。めやすは湯の量の1％。2.5ℓの湯なら大さじ1⅔（25g）、3ℓなら大さじ2（30g）です。塩を入れると、ほどよい下味がつき、沸点が上がることで、パスタにコシが出ます。また、ゆで汁をソースの調味に使うこともあり、パスタの味を大きく左右します。めんどうがらずにきちんとはかりましょう。

3. いったん弱火にしてパスタを入れる

パスタはかたく、なかなか湯の中に入っていきません。そのため、火が強いと、はみ出したパスタが鍋の外火に当たり、こげたり、乾燥したりします。そうならないよう、沸とうしたら、1度弱火にしてからパスタを入れること。パスタ同士がくっつかないよう、バラバラと入れます。はみ出たパスタは、急いで湯の中に押しこみます。タイマーをセットします。

4. 再度沸とうしたら混ぜすぎない

パスタがすべて湯の中に入ったら、再度強火にし、再び沸とうするまでは、パスタ同士がくっつかないように混ぜ続けます。その後は、パスタがゆで汁の中で静かにゆれ動くくらいの火加減を保ちます。ここまできたら、もうパスタ同士はくっつかないので、時々混ぜる程度にします。

小さい鍋では、写真のようにパスタが大幅にはみ出してしまうので、急いで押しこんでもゆでムラができてしまいます。家にあるいちばん大きな鍋を使いましょう。深めのフライパンを使ってもよいでしょう。

5.
理想はアルデンテ

袋に表示されたゆで時間の1分くらい前になったら、1本とり出しては、ゆで具合をチェックします。まん中に白い芯がかすかに残るくらい（アルデンテ）になったらざるにとります。冷製パスタのときなどは、逆に長めにゆでることもあります。

6.
ゆで汁は残して調味料に

パスタのゆで汁は、適度な塩味があり、パスタのうま味を含んでいるので、ソースの濃度や味を調節するのに最適。うっかり捨ててしまわないようにしましょう。ざるにとる前に、おたまなどで多めにとりおきます。

7.
ソースは事前に作り、直前に温める

ソースは基本的にパスタをゆでる前に作っておきます。パスタをゆでるのと同時進行で作ろうとすると、あわてますし、タイミングもなかなか合わないもの。調味前の段階まで仕上げておき、パスタがゆであがる1〜2分前になったら、再び弱火で温めはじめます。

8.
手早く、手早く、あえる

パスタがゆであがったら、あとは時間との勝負。ソースの中に入れ、弱火にかけながら、2〜3回フライパンをあおり、一気にからめます。あおれなくても、とにかく手早く混ぜること。味をととのえたら、器に盛って、急いで食卓へ！

パスタ | primo piatto

Spaghetti al pomodoro con basilico
スパゲッティ・トマトソース

材料(2人分 ※トマトソースは4人分・約400ml分)

[トマトソース]
たまねぎ…80g
にんにく…1片
オリーブ油…50ml
トマト水煮缶詰…2缶(800g)
A ┌ ローリエ…1枚
  └ バジリコの葉…1枝
塩…小さじ1

スパゲッティ(直径1.6〜1.9mm)…160g
B ┌ 湯…3ℓ + 塩…大さじ2
オリーブ油…大さじ1
バジリコの葉(飾り用・細切り)…適量
パルミジャーノチーズ
　(おろす・好みで)…適量

トマトソースは密閉容器、冷凍用ポリ袋などに入れ、冷蔵で3〜4日、冷凍で約1か月保存できます。

1.
にんにくは芯をとり、みじん切りにします。たまねぎはみじん切りにします。
※にんにくは必ず芯を除く。残すと、こげやすく、えぐ味も出る。

2.
トマトは汁ごと万能こし器でこします。
※こしたほうがなめらかなソースに仕上がる。めんどうなら、種とへたを除いて、ざく切りにするだけでもよい。

3.
厚手の鍋にオリーブ油50mlとにんにくを入れ、弱火にかけます。香りが出たらたまねぎを加え、薄く色づくまで10分ほどいためます。
※にんにくは油を熱したところに入れるとこげるので、鍋を火にかける前に入れる。

4.
3にトマト、A、塩小さじ1を入れます。時々混ぜながら、ふたをしないで、弱火で20〜25分煮ます。

5.
¾量くらいになったら、火を止め、Aをとり出します[トマトソース]。半量(約200ml)をとり分け、フライパンに移し、残りは保存します(上記参照)。

6.
Bでスパゲッティをゆでます。ゆであがる直前に5のフライパンに油大さじ1を加え、弱火で温めます。スパゲッティを手早くからめ、器に盛り、フライパンに残ったソースをかけます。
1人分453kcal　調理時間50分

トマトソースを使って　　　　　　　　　　　　　　　　シェフのおすすめアレンジ

ペンネ・アッラビアータ

材料(2人分)
トマトソース…200ml
にんにく…1片
赤とうがらし(種をとる)…1本
オリーブ油…小さじ2
ペンネ…120g
A ┌ 湯…3ℓ + 塩…大さじ2
パルミジャーノチーズ(おろす・好みで)
　…適量

1. にんにくはつぶし、芯をとります。
2. フライパンにオリーブ油、にんにく、とうがらしを入れます。弱火にかけ、とうがらしが黒っぽくなるまでじっくり火を通します。トマトソースを加え、2分ほど煮つめます。にんにくをとり出し、火を止めます。
3. ペンネをAでゆでます。ゆであがる直前に、2を弱火で温めます。ペンネを手早くからめ、塩、こしょう各少々(材料外)で調味します。器に盛り、チーズをふります。

1人分426kcal　調理時間20分

パスタ | primo piatto

Fettuccine alla Bolognese
ボローニャ風ミートソース

材料（2人分 ※ミートソースは4人分・約500mℓ）

A
- たまねぎ…¾個（150g）
- にんじん…50g
- セロリ…50g

パンチェッタ*…30g
豚ひき肉…100g
牛ひき肉…100g
バター…40g
オリーブ油…大さじ1½

赤ワイン…80mℓ
トマト水煮缶詰…½缶（200g）

B
- ローリエ…1枚
- ローズマリー…½枝
- セージの葉（あれば）…2枚
- 水…400mℓ
- 固形スープの素…1個
- バター…20g

フェトチーネ**…120g

C
- 湯…3ℓ ＋ 塩…大さじ2

〔仕上げ用〕
パルミジャーノチーズ（おろす）…大さじ1
ローズマリー…少々

*P95参照。ベーコンで代用できる。
**幅約10mmの平たいパスタ。直径1.6〜1.9mmのスパゲッティでもよい。

1.  A、パンチェッタはみじん切りにします。厚手の鍋にバター40gとオリーブ油を入れ、中火にかけます。Aを入れ、薄く色がつくまで20分ほどいためます。

2.  1にパンチェッタ、ひき肉を加え、弱火でパラパラになるまでいためます。中火にし、ワインを加えて煮立て、アルコールをとばします。
※しっかりアルコールをとばさないと、あとから加える材料に酸味が残る。

3.  2にトマトを手でつぶしながら汁ごと加え、Bを加えます。

4.  ふたをしないで、時々アクをとりながら、弱火で30分ほど煮ます。火を止めます。
※途中で水気がなくなり、こげそうになったら、水を50〜80mℓほどたす。

5.  4にバター20gを加え、手早く混ぜます〔ミートソース〕。
※上に浮いていた脂が全体になじみ、なめらかな状態になるまでしっかり混ぜる。
半量（約250mℓ）をフライパンにとり分け、残りは保存します（P7参照）。

6.  Cでフェトチーネをゆでます。ゆであがる直前に5のフライパンを弱火で温めます。フェトチーネを手早くからめ、器に盛り、フライパンに残ったソースをかけます。

1人分726kcal　調理時間70分

ミートソースを使って ……………………………………………………………………… **シェフのおすすめアレンジ**

なすのグラタン

材料（2人分）
- ミートソース…200〜250mℓ
- なす…大6個（600g）
- オリーブ油…大さじ2
- 生ハム…3枚（20g）
- こしょう…少々
- パルミジャーノチーズ（おろす）…50g
- バター…20g

1. なすは、皮をしま目にむき、1.5cm幅の輪切りにします。ざるに並べ、塩少々（材料外）をふり、30分ほどおきます。軽く洗い、水気をふきます。
2. フライパンにオリーブ油を中火で熱し、なすの両面を焼きます。ペーパータオルでなすの油をふきます。
3. 耐熱皿にバター少々（材料外）を塗り、⅓量のなすを並べます。こしょうをふり、⅓量のソース、ハム、チーズを重ねます。これをくり返します。バターをちぎってのせ、220℃（ファン付き200℃）のオーブンで約15分焼きます。

1人分647kcal　調理時間30分

パスタ | primo piatto

Spaghetti alla carbonara
スパゲッティ・カルボナーラ

材料（2人分）
パンチェッタ*…20g
オリーブ油…大さじ1
にんにく…1片
A ┌ 卵…1個
  └ 卵黄…2個

ペコリーノチーズ**…10g
パルミジャーノチーズ…10g
B ┌ 生クリーム…大さじ1
  └ 塩・黒こしょう…各少々

*P95参照。ベーコンで代用できる。

スパゲッティ
　（直径1.8〜1.9mm）***…160g
C ┌ 湯…3ℓ ＋ 塩…大さじ2

**P93参照。手に入らなければ、その分パルミジャーノチーズを20gに増やしてもよい。
***タリアテッレ、フェトチーネなども合う。また、ペンネ、リガトーニなどのショートパスタでも。

1. にんにくは半分に切って芯をとり、切り口をボールにすりつけ、香りを移します（にんにくはとりおく）。パンチェッタは5mm角の拍子木切りにします。チーズはそれぞれおろします。

2. 1のボールにAを入れ、卵白のコシを切りながら、泡立てないようにフォークで混ぜます。ペコリーノ、パルミジャーノ、Bを加えて、混ぜます。
※泡立てると、加熱したときにそこだけ早く火が通り、モロモロになる。

3. フライパンに、オリーブ油、1のにんにくを入れ、弱火にかけます。香りが出たら、パンチェッタを加え、カリカリになるまでいためて、火を止めます。

4. フライパンを傾け、パンチェッタと油を分け、そのままさまします。スパゲッティをCでゆでます。
※フライパンはしっかりさます。熱いままだと、卵を入れたときにかたまってしまう。

5. スパゲッティがゆであがる直前に、4のフライパンに2を入れ、軽く合わせます。塩少々（材料外）で調味します。

6. 5を弱火にかけます。スパゲッティを入れて混ぜ、とろりとしたら器に盛り、こしょうをたっぷりふります。
※フライパンの余熱でも火が通るので、手早く器に盛る。

1人分598kcal　調理時間25分

カルボナーラソースで
シェフのおすすめアレンジ

アスパラガスのカルボナーラソース

材料（2人分）
ホワイトアスパラガス（生）…4本
レモン…（汁をしぼり、皮をむく）½個
ソース ┌ にんにく…1片
　　　│ パンチェッタ（またはベーコン）…20g
　　　│ オリーブ油…大さじ1
　　　│ 卵…1個　卵黄…1個
　　　│ 生クリーム…大さじ2
　　　│ パルミジャーノチーズ（おろす）…10g
　　　└ ペコリーノチーズ（おろす）…10g
塩…少々

1. アスパラは、穂先から3cmくらい下のところから皮を厚めにむきます。ボールに入れ、たっぷりの水、アスパラの皮、半量のレモンの皮と汁を加え、5分ほどおき、ざるにとります。

2. 鍋に、湯1ℓに塩小さじ1（材料外）をわかします。1のアスパラ、アスパラの皮、残りのレモンの汁、皮を加え、アスパラを約13分ゆでます（時々かたさを確認します）。ざるにとり、レモンの皮、アスパラの皮を除きます。

3. 上記と同様にソースを作り、アスパラをあえます。

1人分295kcal　調理時間30分

パスタ | primo piatto

Capellini al pomodoro fresco
トマトの冷製カッペリーニ

材料(2人分)
カッペリーニ*…100g
A ┌ 湯…3ℓ ＋ 塩…大さじ2
　フルーツトマト**…4個(250～300g)
　バジリコの葉…4枚
　にんにく…1片
塩…小さじ⅓
こしょう…少々
オリーブ油…大さじ1½

*「天使の髪の毛」と呼ばれる直径約0.9mmの極細パスタ。ほかに、フェディリーニなど細めのパスタも合う。

**糖度が高く、サラダなどに使うとおいしい。ふつうのトマトより、やや小ぶり。手に入らなければふつうのトマトで代用できる。

1.
トマトの皮に十字に切り目を入れます。ボールに入れて熱湯をそそぎ、10～15秒数え、すぐ冷水にとります。
※この方法だと、トマトに火が入りすぎない。
切り目からスルリと皮をむきます(湯むき)。

2. 
トマトはへたと種をとり、ひと口大に切ります。バジルは、2枚を細切りにし、残りはあらみじんに切ります。にんにくは半分に切り、芯をとります。

3.
大きめのボールに、にんにくの切り口をこすりつけます。トマト、あらみじんに切ったバジリコ、塩、こしょう、オリーブ油大さじ1を合わせます。

4.
Aでカッペリーニを、表示より30秒長くゆでます。少量を冷水にとり、かたさを確認してから、全部を冷水にとり、水気をきります。
※冷やすとパスタがしまるので、冷製パスタのときは少々長めにゆでる。

5.
カッペリーニの水気をペーパータオルでよくふきます。
※水気をきちんととらないと、全体が水っぽくなる。

6.
3のボールに、カッペリーニ、オリーブ油大さじ½を入れてあえます。器に盛り、細切りにしたバジリコをのせます。
1人分306kcal　調理時間20分

かんたんアレンジ

モッツァレラチーズ(70g・さいの目切り)、アンチョビ(フィレの細切り・2切れ)を、オリーブ油(大さじ½)であえたものをのせてもおいしい。

パスタ | primo piatto

Penne alla crema di salmone
ペンネパスタのサーモンクリームソース

材料（2人分）
スモークサーモン…60g
たまねぎ…¼個（50g）
バター…15g
生クリーム…150㎖
ブランデー（あれば）…小さじ1
白ワイン…大さじ2

パルミジャーノチーズ（おろす）…15g
ペンネ*…150g
A ┌ 湯…3ℓ ＋ 塩…大さじ2
　 └ 塩・こしょう…各少々

〔仕上げ用〕
イタリアンパセリ（みじん切り）…少々
パルミジャーノチーズ（おろす）…少々

*タリアテッレ、フェトチーネ、リングイーネなども合う。

1.  サーモンは仕上げ用20gを1cm幅に切り、残りは2cm幅に切ります。

2.  たまねぎは繊維に対して直角に薄切りにします。
※繊維に直角に切ると、ソースによくなじみ、甘味も出る。

3.  フライパンにバターを溶かし、たまねぎを入れ、しんなりするまで弱火でいためます。2cm幅に切ったサーモンを加え、さっといためます。

4.  3を中火にし、ブランデー、白ワインを加え、アルコール分をとばします。弱火にし、生クリームを加え、約½量になるまで煮つめます。火を止めます。

5.  ペンネをAでゆでます。表示のゆで時間の1分前にとり出します（ゆで汁はとりおく）。
※あとからソースに入れて煮こむことを考え、かためにゆでる。

6.  ペンネがゆであがる直前に、4を弱火にかけます。パスタのゆで汁約大さじ2を加え、ひと煮立ちさせます。

7.  ペンネを6に加えて2〜3分煮ます。塩、こしょうで調味し、火を止めます。パルミジャーノ15gを加えて混ぜます。器に盛り、仕上げ用のサーモン、パセリ、パルミジャーノをふります。

1人分758kcal　調理時間20分

かんたんアレンジ

4で、生クリームと一緒にトマトソース（P7）を大さじ2ほど加えると、また違ったおいしさになります（写真はフェトチーネを使い、水菜少々を飾っています）。

パスタ | primo piatto

Linguine alle pescatore
ペスカトーレ（魚介のトマトソース）

材料（2人分）
あさり（砂抜きずみのもの）…200g
むきえび…60g
やりいか…小1ぱい（150g）
たまねぎ（みじん切り）…30g
にんにく（つぶして、芯をとる）…1片
オリーブ油…大さじ3

赤とうがらし（種をとる）…1/3本
白ワイン…大さじ3
トマト水煮缶詰…1缶（400g）
オリーブ油…大さじ1
リングイーネ*…160g
A ┌ 湯…3ℓ ＋ 塩…大さじ2

塩…小さじ1/3
こしょう…少々
パセリ（みじん切り）…少々
*直径1.6〜1.7mmのスパゲッティでもよい。

1.  あさりは殻をすり合わせてよく洗います。えびは背わたをとり、大きければ、厚みを半分に切ります。

2. 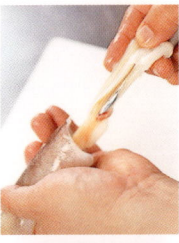 いかは、足とわたをはずします。胴の中を洗って軟骨をとります。胴は皮をむき1cm幅の輪切りにします。足は吸盤をこそげ、2本ずつに切ります。

3. 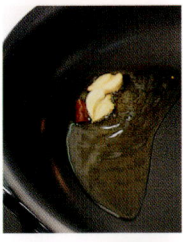 フライパンにオリーブ油大さじ3、にんにく、とうがらしを入れ、弱火にかけます。香りが出たら、たまねぎを入れ、しんなりするまでいためます。

4.  3に魚介をすべて加えます。ワインを加えて、ふたをします。あさりの口が開いたら、煮汁は残し、にんにく、とうがらし、魚介をとり出します。
※ふたをすることで、魚介のうま味をとじこめる。

5.  4を中火にし、煮汁を少し煮つめます。トマトを手でつぶしながら汁ごと加え、ふたをしないで、10分ほど煮ます。火を止めます。

6.  5に魚介をもどし、オリーブ油大さじ1を加え、ひと混ぜします。

7.  Aでリングイーネをゆでます（ゆで汁はとりおく）。ゆであがる直前に6を弱火で温めます。

8.  リングイーネをフライパンに入れます。ゆで汁大さじ1を加えて、手早くあえます。塩、こしょうで調味します。器に盛り、パセリを散らします。
1人分628kcal　調理時間40分

パスタ | primo piatto

Spaghetti all' acciughe e con cavolo

春キャベツとアンチョビのスパゲッティ

材料（2人分）

春キャベツ…大2枚（200g）
にんにく…1片
赤とうがらし（種をとる）…¼本
オリーブ油…大さじ2
アンチョビ（フィレ）…2切れ（10g）

スパゲッティ（直径1.6～1.7mm）＊…200g
A ┌ 湯…3ℓ ＋ 塩…大さじ2
＊フェディリーニ、リングイーネも合う。

1.
キャベツは、軸をとり、手で4～5cm角にちぎります。にんにくは、芯をとり、薄切りにします。

2.
フライパンに油、にんにく、とうがらしを入れ、弱火にかけます。フライパンを傾けて、全体を片側に寄せ、その中でじっくり香りを出します。火を止めます。

3.
2のフライパンを傾け、油を片側に寄せ、その中にアンチョビを入れて1～2分おきます。木べらで細かくなるまでつぶします。
※アンチョビを油の中にしばらくおくと、なじんでつぶしやすくなる。

4.
Aでスパゲッティをゆでます。

5.
スパゲッティがゆであがる2分前に、湯の中にキャベツを入れます。パスタと同時にゆであげます（ゆで汁はとりおく）。
※春キャベツでない場合は、ゆで時間を1分ほど長くします。

6.
3のフライパンを弱火で温めます。スパゲッティ、ゆで汁を大さじ2ほどを加えてあえます。
1人分533kcal　調理時間20分

春キャベツを使って　　　　　　　　　　　　　　　　　　　　　　　　　　　　**シェフのおすすめアレンジ**

春キャベツのオーブン焼き

材料（2人分）

春キャベツ…½個（400g）
　塩・こしょう…各少々
A ┌ アンチョビ（フィレ）…1切れ（5g）
　├ 赤ワインビネガー…小さじ1
　└ オリーブ油…大さじ1
〔仕上げ用〕
アンチョビ（フィレ）…2切れ（10g）
パセリ（みじん切り）…少々

1. キャベツは4等分のくし型に切ります。
2. 耐熱容器に、オリーブ油少々（材料外）を塗ります。キャベツを並べ、塩、こしょうをふります。アルミホイルをふんわりかぶせ、220℃（ファン付き200℃）のオーブンで、約8分焼きます。そのままおいて、あら熱をとります。
3. アンチョビ1切れはみじん切りにします。Aを合わせ、2の上にまわしかけます。アンチョビ2切れをのせ、パセリをふります。
1人分115kcal　調理時間15分

パスタ | primo piatto

リングイーネのバジリコソース

Linguine al pesto Genovese

材料（2人分※ソースは約4人分）
じゃがいも…1個（150g）
さやいんげん…40g
リングイーネ*…160g
A ［湯…3ℓ ＋ 塩…大さじ2］
バター…20g
塩・こしょう…各少々
*直径1.8～1.9mmくらいのスパゲッティでも。

〔バジリコソース〕
バジリコの葉（葉だけ摘みとって）…30g
B ［松の実…10g
　　にんにく（芯をとる）…小½片（3g）］
C ［オリーブ油…大さじ4
　　塩・こしょう…各少々
　　ペコリーノチーズ**…10g
　　パルミジャーノチーズ…5g］

松の実（仕上げ用）…少々
パルミジャーノチーズ
　（仕上げ用）…5g
**P93参照。なければ、その分パルミジャーノを増やしても。

バジリコソースは日もちするので（冷蔵庫で3～4日）残った分は保存する。清潔な保存びんに入れ、空気にふれないよう、表面をオリーブ油で覆う。

1.

松の実は、仕上げ用と一緒に、フライパンで薄く色がつくまでからいりします。チーズはおろします。じゃがいもは1～2cm角、いんげんは2cm長さに切ります。

2.

バジリコは洗い、水気をよくふきます。
※バジリコに水気を残すと、ソースが分離する原因になる。

3.

Bをすり鉢ですり、バジリコを加えてさらにすります。Cを加えます〔バジリコソース〕。大さじ2をとりおき、残りは保存します（上記）。
※ミキサー、クッキングカッターを使ってもよい（刃が回りにくければ、油を大さじ1ほどたす）。

4.

Aでいんげんをさっとゆで、とり出します。続けて、じゃがいも（ざるに入れておくと、とり出しやすい）、リングイーネを入れ、じゃがいもに竹串が通ったら、途中で出します（ゆで汁はとりおく）。

5.

リングイーネがゆであがる直前に、フライパンにバター、いんげん、じゃがいも、ゆで汁50㎖を入れ、弱火にかけます。フライパンをゆらしながら、とろりとした状態にします。

6.

5にバジリコソース大さじ2、リングイーネを加え、手早くあえます。塩、こしょうで調味します。器に盛り、仕上げ用の松の実、パルミジャーノを散らします。

1人分341kcal　調理時間30分

しそでも作れます　　　　シェフのおすすめアレンジ

しそを使ったペーストソース

材料（2人分）
しその葉…30g
A ［アンチョビ（フィレ）…2切れ（10g）
　　にんにく（芯をとる）…¼片
　　オリーブ油…大さじ3
　　塩・こしょう…各少々］
ほたて貝柱（さしみ用）…4個
フェデリーニ…150g
B ［湯…3ℓ ＋ 塩…大さじ2］
水菜（5cm長さに切る）…40g

1. しそは洗い、水気をよくふきます。
2. Aをすり鉢ですり、しそを加えて、さらにすります。大さじ2をとりおき、残りは保存します。
3. ほたては半分に切り、塩、こしょう各少々（材料外）をふります。フライパンにオリーブ油少々（材料外）を中火で熱し、両面をさっと焼きます（中は生）。
4. フェデリーニをBでゆでます。2、3オリーブ油大さじ2（材料外）、フェデリーニをあえます。器に盛り、水菜をのせます。

1人分295kcal　調理時間30分

パスタ | primo piatto

Penne al quattro formaggio
ペンネの4種類チーズソース

材料（2人分）

ゴルゴンゾーラチーズ…30g
モッツァレラチーズ*…30g
フォンティーナチーズ**…50g
パルミジャーノチーズ…15g
バター…10g

白ワイン…大さじ1
生クリーム…100㎖
ペンネ…150g
A ┌ 湯…3ℓ ＋ 塩…大さじ2
　 └ 塩・こしょう…各少々

〔飾り用・あれば〕
りんご（1mm厚さの薄切り）…少々

*水に浸ったフレッシュタイプと、セミハードタイプがあるが、どちらを使ってもよい。
**イタリア産のハードタイプのチーズ。濃厚でコクがある。エダムチーズ、エメンタールチーズなどで代用できる。

1.  パルミジャーノはおろします。そのほかのチーズは細かく切ります。

2.  フライパンにバターを入れ、弱火にかけます。バターが溶けかかったところへ白ワインを入れ、中火にしてひと煮立ちさせます。

3.  2に生クリームを加え、半量くらいになるまで2～3分煮つめ、火を止めます。パルミジャーノ以外のチーズを加え、余熱で溶かします。

4.  ペンネをAでゆでます（ゆで汁はとりおきます）。

5.  ペンネがゆであがる直前に、3を再び弱火にかけます。ゆで汁を大さじ1ほど加え、ペンネをあえます。塩、こしょうで調味します。火を止めます。

6.  パルミジャーノ10gを加え、手早く混ぜます。器に盛り、りんごをのせ、残りのパルミジャーノをふります。
※時間があれば、りんごはフライパンで、油をひかずに、数秒焼いて温めると、写真のように折って飾ることができ、パスタとの味のなじみもいい。

1人分757kcal　調理時間20分

ピッツァ | primo piatto

Pizza "Margherita"
ピッツァ・マルゲリータ

材料（4枚分）

〔ピッツァ生地〕

A ┌ 薄力粉…125g
  │ 強力粉…125g
  └ 塩…小さじ1

B ┌ ドライイースト…大さじ½強（4g）
  │ 砂糖…ひとつまみ
  └ ぬるま湯（約38℃*）…50㎖

オリーブ油…大さじ1½弱（20㎖）
ぬるま湯（約38℃）…100㎖
打ち粉（強力粉）…適量

〔トマトソース・約200㎖分〕
トマト水煮缶詰（果肉）…150g

C ┌ トマト水煮缶詰（缶汁）…100g
  │ バジリコ（乾燥）…ひとつまみ
  │ オレガノ（乾燥）…ひとつまみ
  │ 塩…小さじ⅓
  └ オリーブ油…大さじ½

＊指を入れてぬるいと感じる程度

モッツァレラチーズ…200g
パルミジャーノチーズ
　（おろす・好みで）…10g
オリーブ油…小さじ2
塩…少々
バジリコの葉…2枚
大きめ（ボールが入るくらい）のポリ袋
　…1枚

※これがいちばん作りやすい分量です。1度に4枚食べきれないときは、残った生地とソースは冷凍保存します（右ページ下参照）。

1. 2. 3. 4. 5.
8. 9. 10. 11. 12.

作り方

1. Aは合わせて2回ふるいます。Bは合わせます。
2. ボールにAを入れ、中央をくぼませます。くぼみにオリーブ油20㎖、ぬるま湯100㎖、Bを入れ、指先で混ぜながら生地を手早くまとめます。
3. 台に打ち粉をし、2をとり出します。手に生地がつかなくなり、表面がなめらかになるまで15～20分こねます。
4. 3をまとめ、油少々（材料外）を塗ったボールに入れます。ひとまわり大きい鍋やボールに36～38℃の湯を入れ、その中にボールを浮かべ、全体をポリ袋の中に入れます。口をボールの下にはさみこんで閉じます。40分～1時間おいて、発酵させます。

※気温の高い季節（25～27℃くらい）なら、ぬるま湯は不要。

5. 発酵する間に、トマトソースを作ります。トマトの果肉は種とへたをとり除き、あらみじんに切ります。Cを加えて混ぜます。
6. 指に打ち粉少々をつけ、4に刺し、穴がもどらなければ発酵終了です。

※40分くらいたったところから、時々指を刺し、発酵具合を確認するとよい。

7. 6を手で押してガスを抜き、スケッパーか包丁で4等分にします。
8. 7を丸め直し、打ち粉をふったバットに並べます。ぬらしてかたくしぼったふきんをのせ、室温に10～15分おきます。

※1度に焼けないときは、4等分した段階で残りの生地を冷蔵庫に入れ、発酵を遅らせる。

9. オーブンを250℃（ファン付き230℃）に予熱します。台に打ち粉をふり、8をめん棒で直径26～27cmにのばします。
10. フォークで表面全体に穴をあけます。

ピッツァが家でこんなにおいしくできるなんて！
まずは、基本のマルゲリータに挑戦

11. オーブンシートを敷いたオーブン皿にのせ、250℃（ファン付き230℃）で5分から焼きします。
※パイ皿（直径24cm）があれば利用するとよい（オリーブ油少々を塗る）。生地をのせた際、ふちを1cmほど外に出すと、その部分がパリッと焼けておいしい。

12. モッツァレラは5mm厚さに切ります。11に¼量のソースをのばします。
※仕上がりがきれいになるように、ソースを塗るのは、ふちから2cmほど内側までにする。

13. ¼量のモッツァレラ、¼量のパルミジャーノ、オリーブ油小さじ½をふります。

14. オーブンでさらに約5分焼きます。塩少々をふり、バジリコを散らします。
※オーブンによって焼き時間は変わるので、時々ようすを見る。
1枚450kcal　調理時間75分（発酵時間は除く）

生地とソースは冷凍保存できます
生地は11でから焼きしたあと、1つずつラップで包み冷凍庫へ。使うときは凍ったまま、12から同様に作ります。ソースは小分けにし、保存容器か冷凍用ポリ袋に（それぞれ約1か月保存可能）。

ピッツァ | primo piatto

ピッツァ・マルゲリータ

Pizza "tonno e cipolla"

ツナとたまねぎのピッツァ

チーズなしのあっさりピッツァ
具はなんでもお好みで

材料（1枚分）
基本のピッツァ生地
　（P25、11のから焼きまで
　　終えたもの）…1枚
トマトソース（P24）…¼量（50㎖）
ツナ缶詰…40g
アンチョビ（フィレ）…1切れ（5g）
ミニトマト…4個
たまねぎ…⅛個（30g）
黒オリーブ（種なし）…2個
オリーブ油…小さじ1
パセリ（みじん切り）…少々

作り方
1. たまねぎは薄切りにし、水にさらして水気をきり、水気をふきます。オリーブは横半分に切ります。
2. ツナは軽くほぐします。アンチョビは手でちぎります。トマトは横半分に切ります。
3. ピッツァ生地にソースをのばし、1を散らし、油小さじ1、塩少々（材料外）をふります。250℃（ファン付き230℃）のオーブンで3分焼きます。2をのせ、さらに3分焼きます。油小さじ½（材料外）、パセリをふります。

1枚505kcal　調理時間15分

Focaccia

フォカッチャ

材料を変えればフォカッチャに
作り方は基本のピッツァ生地とほぼ同じ

材料（1枚分）
A ┌ 強力粉・薄力粉…各125g
　 └ 塩…小さじ1
B ┌ ぬるま湯（約38℃）…150㎖
　 │ 牛乳…大さじ1
　 └ ドライイースト…小さじ2弱（5g）
オリーブ油…20㎖
ローズマリー（葉をつむ）…1枝
塩（粒が大きいもの）…2つまみ
オリーブ油…大さじ1
大きめのポリ袋…1枚

作り方
1. 左記の材料で、基本のピッツァ生地（P24）1～6までと同様に生地を作ります（工程5は除く）。ガス抜きします。
2. 1を20×30×1cmにのばし、オーブンシートを敷いたオーブン皿にのせます。皿ごとポリ袋に入れ、室温で約1時間発酵させます。
3. 2倍くらいの大きさになったら、表面に指で深めにくぼみをつけます。ローズマリーをくぼみに刺し、塩、オリーブ油大さじ1を散らします。200℃（ファン付き180℃）のオーブンで15～17分焼きます。

1枚1226kcal　調理時間45分（発酵時間は除く）

Coccori

コッコリ

ひと口サイズのかわいい揚げパン
生ハムを添えて前菜に

材料（15個分）
A ┌ 強力粉・薄力粉…各125g
　 └ 塩…小さじ1
B ┌ ぬるま湯（約38℃）…150㎖
　 │ 牛乳…大さじ1
　 └ ドライイースト…小さじ2弱（5g）
オリーブ油…20㎖
塩・黒こしょう…各少々
揚げ油（サラダ油：オリーブ油
　＝3:1）…適量
〔つけ合わせ・好みで〕
生ハム・サラダ菜…適量

作り方
1. 左記の材料で、基本のピッツァ生地（P24）1～6までと同様に生地を作ります（工程5は除く）。ガス抜きします。15等分し（1個＝約30g）、中に空気を入れないように丸めます。バットに並べ、ぬらしてかたくしぼったふきんをのせ、室温で2倍くらいの大きさになるまで、30～40分発酵させます。
2. 揚げ油を約160℃に熱し、1を6～7分揚げ、中まで火を通します（油がはねやすいので注意）。熱いうちに、塩、こしょうをふります。

1個96kcal　調理時間40分（発酵時間は除く）

リゾット | primo piatto

Risotto al nero di seppia
いか墨のリゾット

材料(2人分)

米(洗わずに使う)…150g
スープ ┌ 固形スープの素…1個
　　　 └ 湯…650mℓ
やりいか…1ぱい(200g)
いか墨ペースト*…4g
トマト水煮缶詰(果肉)…1個(50g)
たまねぎ(みじん切り)…20g
にんにく(芯をとり、みじん切り)…½片
オリーブ油…大さじ1½
白ワイン…大さじ2
塩・こしょう…各少々
〔仕上げ用〕
オリーブ油…大さじ1
イタリアンパセリ(みじん切り)…小さじ1
〔飾り用〕
イタリアンパセリ…少々

*いかの墨は1ぱいにわずかしかないので、ペーストで補います。

1.
いかの胴からわたと墨をはずします。わたについた墨袋を破らないようにとります。墨袋を指ではさんで、墨をしごき出します。わたも同様にしごき出します。

2.
いかは胴の中を洗い、軟骨をとります。胴は皮をむき、5mm幅の輪切りにします。足は吸盤をこそげ、2本ずつに切ります。飾り用少々をとりおき、それは熱湯でさっとゆでます。

3.
スープをフツフツと沸とうしている状態まで温めておきます。いかの墨、いか墨ペースト、わたを合わせ、大さじ1のスープでのばします。トマトは万能こし器でこします。

4.
厚手の鍋ににんにく、油大さじ1½を入れ、弱火で温めます。香りが出たら、たまねぎ、いかを加えて、たまねぎがすき通るまでいためます。

5.
4に米を加え、すき通るまで1分ほどいためます。中火にし、白ワインを加えて煮立て、アルコール分をとばします。
※米をいためるときは、こげやすいので注意する。

6.
いか墨、ペースト、わたをスープでのばしたものとトマトを加え、ひと混ぜします。熱いスープを150mℓ(レードル約2杯分)加えます。

7.
a
b
時々混ぜながら、ふたをしないで弱火で約14分煮ます。その間、水気が少なくなるたび(a)、スープをかぶるくらいまでたしては(b)、混ぜます。
※スープは必ず熱々の状態でたす。スープを小鍋に入れ、脇でごく弱火にかけておくとよい。

8.
米にかすかに芯が残るくらいになったら、火からおろし、塩、こしょうで調味します。仕上げ用の油、パセリを加え、米が波打つように鍋をゆすって混ぜます。器に盛り、飾り用のいか、パセリをのせます。
※ゆすることで、米のとろみが出て、全体がまとまる。

1人分521kcal　調理時間35分

リゾット | primo piatto

Risotto con capesante e broccoli
ほたてとブロッコリーのリゾット

材料（2人分）
米（洗わずに使う）…160g
ほたて貝柱（4等分に切る）…4個
A ┌ バター…5g
  └ オリーブ油…小さじ½
塩・こしょう…各少々
白ワイン…大さじ1

ブロッコリー…¼株（50g）
B ┌ バター…5g
  └ オリーブ油…大さじ½
たまねぎのみじん切り…大さじ1
白ワイン…小さじ1

スープ ┌ 固形スープの素…1個
       └ 湯…600㎖
塩・こしょう…各少々
C ┌ バター…10g
  └ オリーブ油…小さじ2
〔飾り用〕
イタリアンパセリ（みじん切り）…少々

1.
フライパンにAを温め、ほたてを入れ、焼き色をつけます。塩・こしょうをふり、ワイン大さじ1を加え、ふたをして、すぐ火を止め、そのままさまします。ブロッコリーは小房に分け、かためにゆでます。

2.
スープはフツフツと沸とうしている状態まで温めておきます。厚手の鍋にBを入れ、弱火で温めます。たまねぎを加えて、すき通るまでいためます。

3.
2に米を加え、すき通るまで1分ほどいためます。ワイン小さじ1を加えます。半量のブロッコリーを入れ、スープを150㎖（レードル約2杯分）加えます。
※米をいためるときは、こげやすいので注意する。

4.
a
b
時々混ぜながら、ふたをしないで弱火で12分ほど煮ます。その間、水気が少なくなるたびに（a）、スープをかぶるくらいまでたしては（b）、混ぜます。
※スープは必ず熱々の状態でたす。スープを小鍋に入れ、脇でごく弱火にかけておくとよい。

5.
4にほたて、残りのブロッコリーを加え、さらに2分ほど煮ます。

6.
米にかすかに芯が残るくらいになったら、火からおろし、塩・こしょうで調味します。Cを加え、米が波打つように鍋をゆすって混ぜます。器に盛り、パセリをふります。
1人分505kcal　調理時間25分

リゾットのトッピングに ……………… **シェフのおすすめアレンジ**
カリカリパルミジャーノ

材料（2枚分）
パルミジャーノチーズ（おろす）…5g
バター…少々

1. フライパンを中火で熱し、バターを薄く塗ります。いったん火を止めます。パルミジャーノを半量ずつ2か所に散らし、手早く5cm×3cmくらいのだ円形2つに整えます。
2. 1を再び弱火にかけて裏返し、かりっとするまで焼きます。
3. 熱いうちに、めん棒に押しつけ、形を整えます（さめるとくずれやすいので、熱いうちに）。リゾットに添えます。

1枚23kcal　調理時間5分

前菜 | antipasto

材料（2人分）
- フランスパン…1.5cm厚さ×4切れ
- オリーブ油…小さじ½
- にんにく（芯をとる）…½片
- トマト…1個（150g）
- バジリコの葉…3枚
- A
  - レモン汁…小さじ½
  - オリーブ油…大さじ1
  - 塩…小さじ¼
  - 黒こしょう…少々

〔飾り用〕
- イタリアンパセリ…適量

作り方
1. パンはオーブントースター（または170℃のオーブン）で薄く色づくまで焼きます。表面ににんにくの切り口をこすりつけ、再度オーブントースターでこんがりと焼きます。オリーブ油小さじ½をふります。
2. ボールの内側に1で使ったにんにくの切り口をこすりつけます。
3. トマトは湯むきをし、1cm角に切ります。バジリコは1cm角に切ります。2のボールに入れ、Aを加えて混ぜます。
4. 3の汁気をきって、パンにのせます。オリーブ油少々（材料外）をふります。

1人分162kcal　調理時間10分

Bruschetta alla checca
ブルスケッタ ケッカ風

イタリアンの定番アンティパスト
あっという間にできます

Funghi sott'olio
きのこのマリネ

時間をおくほど味がなじみます
冷蔵庫で5日ほどもちます

a　　　b

材料（2人分）
しめじ…1パック（100g）
マッシュルーム…1パック（100g）
エリンギ…1パック（100g）
塩…小さじ2/3
にんにく…1片
オリーブ油…大さじ3
A ┌ ローズマリー…1枝
　├ ローリエ…2枚
　└ 粒こしょう（黒）…5粒
赤ワインビネガー…大さじ1

※きのこは、まいたけ、えのきだけなどを使っても（えのきを使う場合は、バラバラにならないよう、根元を多めに残して、小房に分ける）。

作り方
1. きのこは表面を、ぬらしてかたくしぼったふきんでふきます。しめじは石づきをとり、小房に分けます。マッシュルームは縦半分に切ります。エリンギは縦に6等分します。にんにくはつぶして、芯をとります。
2. 鍋にオリーブ油、にんにくを入れて弱火にかけ、じっくり香りを出します。火を止め、Aを加えます。
3. フライパンに塩をまんべんなくふり、中火にかけます。きのこを入れ（a）、フライ返しで押しながら、焼き色がつき、水分がしみ出すまで（b）じっくり焼きます。
4. きのこを2の鍋に入れ、中火にかけ、油をひと煮立ちさせます。火を止め、ワインビネガーを加え、ボールに移して、そのままさまします。

1人分116kcal　調理時間20分
（さます時間は除く）

前菜 | antipasto

Caponata alla Siciliana
シチリア風カポナータ

なすを揚げるのが、おいしさの秘密
冷蔵庫で2〜3日もちます

材料（4人分）
- なす…3個（200g）
- 塩…小さじ1/3
- 揚げ油…適量
- たまねぎ…1/2個（100g）
- トマト…1個（150g）
- セロリ（筋をとる）…1本
- A
  - グリーンオリーブ（種なし）…4個
  - 松の実…小さじ1（4g）
  - ケッパー…小さじ1（5g）
- オリーブ油…大さじ2
- B
  - 砂糖…小さじ1
  - 塩…小さじ1/3
  - こしょう…少々
- 白ワインビネガー…大さじ2
- 〔飾り用・あれば〕
- イタリアンパセリ（みじん切り）…少々
- オレガノ…1枝

作り方

1. なすは皮をしま目にむきます。2cm角に切り、塩小さじ1/3をふり、水気が出たらふきます。揚げ油を160℃に熱し、薄く色づくまで揚げます。熱いうちに塩少々（材料外）をふります。
2. たまねぎは薄切りにします。トマト、セロリはひと口大に切ります。オリーブは半分に切ります。
3. 鍋にオリーブ油を熱し、中火でたまねぎをしんなりするまでいためます。トマト、セロリを加え、ふたをしないで、時々混ぜながら10分ほど煮ます。なす、Aを入れ、全体を混ぜます。Bで調味し、火を止めます。ワインビネガーを加えて混ぜます。

※温かいうちよりも、さましてから食べたほうがおいしい。

1人分118kcal　調理時間30分

Bagna caoda
バーニャ カウダ

バーニャカウダはピエモンテ地方の伝統料理
野菜をつけながら食べます

材料（4人分）

〔ソース〕
にんにく…1片
オリーブ油…大さじ4
アンチョビ（フィレ）
　…1缶（25g）
バター…15g

〔野菜〕
じゃがいも、ブロッコリー、
グリーンアスパラガス、
ラディッシュ、にんじん、
セロリなど好みで
　…適量

作り方

1. 野菜を用意します。じゃがいもはひと口大に切り、竹串が通るまでゆでます。ブロッコリー、アスパラガスはかためにゆで、食べやすい大きさに切ります。その他の野菜も、食べやすい大きさに切ります。

2. にんにくは縦半分に切り、芯をとります。小鍋にソースの材料をすべて入れ、弱火にかけます。時々アンチョビを木べらでつぶしながら、アンチョビが溶けるまで5〜10分煮ます。温めた器に入れ、野菜に添えます。

※ソースが温かい状態で食べます。さめてしまったら、小鍋に入れ、温め直します（電子レンジで温め直すと油が飛んで危ないので、必ず鍋で温める）。

（ソース）1人分164kcal　調理時間15分

前菜 | antipasto

材料（2人分）

- 小あじ…12〜15尾（250g）
- 塩・こしょう…各少々
- 小麦粉（あれば強力粉）…大さじ1½
- 揚げ油…適量

〔野菜〕
- たまねぎ…30g
- にんじん…30g
- セロリ（筋をとる）…¼本（30g）
- 赤ピーマン…大⅙個（30g）
- 黄ピーマン…大⅙個（30g）

A
- オリーブ油…大さじ5
- にんにく（つぶして、芯をとる）…1片
- 赤とうがらし（種をとる）…¼本
- ローリエ…1枚

- 白ワイン…大さじ4
- 塩…小さじ⅓
- こしょう…少々
- 白ワインビネガー…大さじ2弱

作り方

1. あじは頭と内臓をとり、腹の中を洗います。ぜいごをとります（a）。塩、こしょうをふります。
2. 野菜は4〜5mm幅、4〜5cm長さに切ります。
3. フライパンにAを入れ、弱火にかけます。香りが出たら野菜を加え、2分ほどいためます。
4. 3を中火にして、ワインを加え、煮立ててアルコール分をとばし、塩、こしょうで調味します。火を止め、ワインビネガーを加えて混ぜます。
5. あじに小麦粉を薄くつけ、余分を落とします。揚げ油を高温（180℃）に熱し、あじをカラリと揚げます。容器（ホーロー、陶器などがよい）に並べ、熱いうちに4をかけます。2〜3時間おきます。

※ひと晩おくと味がなじんでよりおいしくなる。冷蔵庫で2〜3日もつ。

1人分372kcal　調理時間25分（漬ける時間を除く）

a

Escabeche di suro
あじのエスカベーチェ

色とりどりのぜいたくマリネ
3枚におろした真あじでも作れます

材料（2人分）

まぐろ*（さしみ用・さく）…150g
塩…小さじ1/3
黒こしょう…少々
にんじん…20g（5cm長さ）
松の実…小さじ1（4g）
水菜…20g

A ┌ 赤ワインビネガー…小さじ1/2
　│ 塩…小さじ1/6
　│ こしょう…少々
　└ オリーブ油…大さじ1/2

B ┌ バルサミコ酢…小さじ1
　│ 塩…小さじ1/6
　│ こしょう…少々
　└ オリーブ油…大さじ1

*あれば中トロを使うとおいしい。

作り方

1. まぐろは塩、こしょうをふります。30分ほどおき、表面の水気をペーパータオルでふきます。盛り皿を冷蔵庫で冷やしておきます。
2. フライパンを熱し、オリーブ油少々（材料外）を薄くひき、まぐろの表面だけをさっと焼きます（中は生のまま。火を通しすぎない）。冷蔵庫に入れて冷やします。
3. にんじんは細切りにします。松の実はフライパンで薄く色づくまでからいりします。水菜は5cm長さに切ります。
4. ボールにA、Bをそれぞれ合わせます。食べる直前に松の実、水菜をAであえます。
5. まぐろを5mm厚さのそぎ切りにします。盛り皿に並べ、塩少々（材料外）をふります。にんじん、4の松の実と水菜をのせます。Bを再度混ぜてかけます。

1人分192kcal　調理時間40分

Carpaccio di tonno all' aceto balsamico
まぐろのカルパッチョ バルサミコ酢風味

表面にさっと火を通して
"たたき"のような調理法

前菜 | antipasto

Insalata d'arancia e calamari

オレンジと やりいかのサラダ

食感のやわらかいやりいかを使います
オレンジの甘味と好相性

材料（2人分）

やりいか…1ぱい（200g）
紫たまねぎ…15g

A
- レモンの皮のすりおろし…少々
- ケッパー…小さじ½（3g）
- オリーブ油…大さじ1
- 塩…小さじ¼
- こしょう…少々

オレンジ…1個
ルーコラ…1パック（10g）

B
- 赤ワインビネガー…小さじ½
- オリーブ油…大さじ½
- 塩・黒こしょう…各少々

作り方

1. いかは、足と内臓をはずします。胴の中を洗って軟骨をとります。胴は皮をむき、1.5cm幅の輪切りにします。足は吸盤をこそげ、2本ずつに切ります。

2. たまねぎは薄切りにし、水にさらして、水気をきります。

3. 大きめのボールに、たまねぎ、Aを合わせます。

4. 鍋に湯1ℓをわかし、塩小さじ2を入れます（ともに材料外）。いかをさっとゆで、ざるにとります。熱いうちに3のボールに入れ、あえます。

5. オレンジは皮をむき、果肉を房からとり出します。果肉のひとつをしぼり、汁をとります。ルーコラは食べやすくちぎります。

6. ボールにB、5のオレンジの汁を合わせ、よく混ぜます。食べる直前にオレンジ、ルーコラを加えてあえます。

7. 器に、4と6をバランスよく盛ります。

1人分182kcal　調理時間25分

材料（2人分）

フランスパン…10cm
　オリーブ油…大さじ1
トマト…2個（300g）
セロリ（筋をとる）…30g
きゅうり…¾本（70g）

A
- にんにく（芯をとる）…½片
- 青とうがらし*
　（またはししとうがらし）…⅕本
- 赤ワインビネガー…大さじ1
- レモン汁…¼個分
- 塩…小さじ⅓
- こしょう…少々
- オリーブ油…大さじ2

〔飾り用・あれば〕
ルーコラ**…8枚
イタリアンパセリ…少々

*辛味をアクセントにするが、入れなくてもよい。
**サラダ菜でもよい。

作り方

1. トマトは湯むきをし、3cm角に切ります。セロリは2cm長さに切ります。きゅうりは皮をしま目にむき、セロリと同じ長さに切ります。にんにく、青とうがらしはみじん切りにします。
2. 大きめのボールに1とAを合わせます。
3. フランスパンは3cm角に切ります。オーブントースター（または170℃のオーブン）で薄く色がつくまで焼きます。オリーブ油大さじ1を回しかけます。
4. パンが熱いうちに2のボールに入れ、全体をよく混ぜます。器に盛り、ルーコラ、パセリを添えます。

※食べる直前に材料をあえると、パンのカリカリ感を味わえるが、しばらく味をなじませてからでもおいしい。

1人分359kcal　調理時間20分

Panzanella
パンとトマトのサラダ

ボリュームがあるので、軽食にも
かたくなったパンの再利用にもおすすめです

前菜 | antipasto

材料（2人分）
- ズッキーニ…大1/2本（100g）
- 塩…少々
- オリーブ油…大さじ1/2
- 卵…2個
- にんにく（芯をとり、薄切り）…1/2片
- セージ…2枚
- オリーブ油…大さじ2
- 赤ワインビネガー…小さじ2
- 塩…小さじ1/4
- 黒こしょう…各少々
- 〔飾り用〕
- セージ…2枝

作り方
1. ズッキーニは縦に7～8mm厚さに切ります。塩少々をふり、水気が出たらふきます。フライパンにオリーブ油大さじ1/2を熱し、両面が薄く色づくまで焼き、器に盛ります。
2. 別のフライパンにオリーブ油少々（材料外）を熱し、やわらかめの目玉焼きを作ります。ズッキーニの上にのせます。
3. 1のフライパンにオリーブ油大さじ2、にんにく、セージを入れ、弱火にかけます。にんにくが薄く色づくまでいためます。ワインビネガーを加え、塩、こしょうで調味します。
4. 目玉焼きの上に3をかけます。目玉焼きをくずし、ズッキーニにからめながら食べます。

1人分202kcal　調理時間10分

Carpione di zucchine con uova

ズッキーニのグリル 目玉焼き添え

半熟卵がおいしいソース
ズッキーニにたっぷりからめて

Crostini col fegatini
とりレバーの
クロスティーニ

なめらかなペーストと
砂肝のコリコリ感が絶妙です

材料（2人分）
とりレバー…100g
砂肝…100g
たまねぎ…½個（100g）
にんじん…40g
セロリ（筋をとる）…40g
にんにく（芯をとる）…½片
オリーブ油…大さじ2

A
- ケッパー…大さじ1（10g）
- セージ…5〜6枚
- 白ワイン…100ml
- 水…50ml
- 砂糖…小さじ½
- 塩…小さじ½
- こしょう…少々

赤ワインビネガー…小さじ2
フランスパン（斜め切り）…8mm厚さ×4枚
イタリアンパセリ（みじん切り）…少々
〔つけ合わせ・あれば〕
オリーブ・タイム…各適量

作り方

1. レバーは黄色い脂肪、血管をとり除きます（a）。よく洗い、水気をふきます。1cm角に切ります。砂肝はよく洗い、筋をそぎとります（b）。レバーより小さめに切ります。
2. たまねぎ、にんじん、セロリ、にんにく、ケッパー、セージはみじん切りにします。
4. 厚手の鍋に、にんにく、オリーブ油を入れて弱めの中火で熱します。香りが出たら、たまねぎ、にんじん、セロリを加え、しんなりするまでいためます。レバー、砂肝を加え、表面の色が変わるまでいためます。Aを加え、水分が⅓量くらいになるまで15分ほど煮つめます。火を止め、ワインビネガーを加えます。あら熱をとります。
5. パンはオーブントースター（または170℃のオーブン）で薄く色づくまで焼き、オリーブ油少々（材料外）をふります。
6. 4の半量をクッキングカッターでピューレ状にします。ボールにとり出し、残りの4を混ぜます。パンに好みの量を塗り、パセリをふります。

※冷蔵庫で3〜4日保存できます。

1人分305kcal　調理時間40分

a 　b

前菜 | antipasto

Insalata di rinforzo
ナポリ風サラダ

色とりどりの野菜のマリネ
酸味と相性のいいゆで卵を添えて

材料(2人分)
ドライトマト…1片(5g)
カリフラワー…¼株(100g)
黄ピーマン…大⅙個(30g)
アンチョビ(フィレ)…1切れ(5g)
黒オリーブ(種なし)…3個
イタリアンパセリ…1枝
A ┌ ケッパー…小さじ1(5g)
　│ 白ワインビネガー…大さじ1
　└ オリーブ油…大さじ3
塩…小さじ⅛
こしょう…少々
ゆで卵…1個

作り方
1. ドライトマトはぬるま湯に15〜20分ほどつけ、もどします。種とへたを包丁の背でとり、5mm幅に切ります。
2. カリフラワーは小房に分けます。ピーマンは縦に1cm幅に切ります。鍋に湯500㎖、塩小さじ1(ともに材料外)を入れてわかし、カリフラワーを1分30秒ほどゆで、とり出します。続けて、ピーマンをさっとゆでて、とり出します。そのままさまします。
3. アンチョビは縦に4等分に切ります。オリーブは横半分に切ります。
4. パセリは飾り用少々をとりおき、残りはみじん切りにします。
5. 大きめのボールにA、パセリのみじん切りを入れ、全体をよく混ぜます。1、2、3をあえ、塩、こしょうで調味します。
6. 卵は6等分のくし形切りにします。
7. 器に5、6を盛り、飾り用のパセリを散らします。

1人分242kcal　調理時間25分

材料
（直径約18cmのフライパン1台分）

- 卵…3個（Lサイズ）
  - 塩…小さじ½
  - こしょう…少々
- トマト*…1個（150g）
  - 塩・こしょう…各少々
  - 小麦粉（あれば強力粉）
    …約小さじ1
  - オリーブ油…小さじ1
- ズッキーニ…½本（70g）
  - オリーブ油…小さじ1
  - 塩・こしょう…各少々
- オリーブ油…大さじ½
- 〔飾り用・あれば〕
- クレソン…少々

*あれば、青みの残ったかためのものを使うと、おいしく、見た目もきれいに仕上がる。

作り方

1. 卵はボールに割り入れます。塩小さじ½、こしょうを加え、あまり泡立てないようにフォークで混ぜます。
2. トマトは1.5cm厚さの輪切りにします。塩・こしょう各少々、小麦粉を薄くつけ、余分を落とします。フライパンにオリーブ油小さじ1を熱し、両面に薄く焼き色がつくまで中火で1～2分焼き、とり出します。
3. ズッキーニは3mm厚さの斜め切りにしてから、細切りにします。2のフライパンをさっとふき、オリーブ油小さじ1を中火で熱し、歯ごたえが残るくらいにさっといためます。塩、こしょう各少々をふり、とり出します。
4. 3のフライパンをさっとふき、オリーブ油大さじ½を中火で熱します。卵液を流し、トマト、ズッキーニを手早くのせます。ふたをして3～4分焼き、半熟状に仕上げます。器に盛り、クレソンをのせます。

（2人分として）1人分201kcal　調理時間15分

Frittata di pomodoro e zucchini

トマトとズッキーニの卵焼き

トマトは焼くと味が凝縮されます
ズッキーニは歯ごたえを残していためて

主菜 | secondo piatto

Pollo alla diavolo con salsa pomodori secchi e olive
とりもも肉のディアヴォラ風

材料（2人分）

とりもも肉…大1枚（300g）
　塩…小さじ½
　黒こしょう…少々
赤とうがらし（種をとる）…½本
ローズマリー…⅓枝
オリーブ油…小さじ1

〔ソース〕
ドライトマト…2片（10g）
イタリアンパセリ…2枝
グリーンオリーブ（種なし）…4個
オリーブ油…小さじ2
レモン汁…大さじ½

〔つけ合わせ〕
クレソン…適量
レモン…¼個

1. ドライトマトは、ぬるま湯に15〜20分つけてもどします。種とへたを包丁でこそげて、5mm幅に切ります。

2. とうがらしは輪切りにします。ローズマリーはみじん切りにします。
※とうがらしは、水につけてもどしておくと、きれいに輪切りにできる。

3. オリーブ、パセリはあらみじんに切ります。

4. とり肉は余分な脂肪をとり除き、厚みの⅓程度の深さにまで、縦横に切り目を入れ、厚みを均等にします。皮側に包丁の先でところどころ穴をあけます。

5. とり肉の両面に、塩、こしょうをまぶし、皮の上に2をふります。

6. フライパンにオリーブ油小さじ1を熱します。肉を皮側から入れ、鍋のふたやフライ返しなどで押さえながら、ふたをしないで中火で約4分焼きます。余分な脂は捨てます。

7. 裏返して弱火にし、ふたをしないで、さらに4〜5分焼きます。余分な脂をふき、火を止め、そのまま5〜6分おきます。器に盛ります。
※余熱で火を通すことで、ジューシーな仕上がりに。

8. 7のフライパンに、オリーブ油小さじ2、パセリ、オリーブ、ドライトマトを入れ、温めます。火を止め、レモン汁を加えます。肉にかけます。

1人分365kcal　調理時間30分

主菜 | secondo piatto

ポルチーニをたっぷり使った
香り高い、ぜいたくなひと品です

Filetto di bue con salsa di porcini
牛ヒレ肉の乾燥ポルチーニソース

材料（2人分）

牛ヒレ肉＊…100g×2枚
　塩…小さじ⅓
　こしょう…少々
　小麦粉（あれば強力粉）
　　…大さじ½
ポルチーニ（乾燥）…10g
たまねぎ…¼個（50g）
バター…20g
オリーブ油…小さじ1

赤ワイン…大さじ2
生クリーム…50㎖
水…大さじ2
塩・こしょう…各少々

＊牛ロース肉、ステーキ用の牛もも肉でもよい。その場合は、肉たたきなどで両面をたたき、筋を数か所切ると、やわらかく仕上がる。たたいたあとは、手で形を整え、厚みを元にもどす。

〔つけ合わせ〕
じゃがいも（ひと口大に切る）…1個（150g）
A ┌ バター…5g
　│ 牛乳…大さじ2
　└ 塩…少々
〔飾り用・あれば〕
トレビス…2枚
イタリアンパセリ（みじん切り）…少々

---

1. ポルチーニはぬるま湯80㎖（材料外）に15〜20分つけて、もどします（a）。かたいところを手で除き、1cm角に切ります。もどし汁はペーパータオルでこして（b）、とりおきます。

2. 肉に塩小さじ⅓、こしょうをふり、粉を薄くつけ、余分は落とします。たまねぎは薄切りにします。

3. 鍋にじゃがいも、ひたひたの水を入れ、じゃがいもに竹串が通るまでゆでます。残った水気をとばし、つぶします。Aを加え、中火にかけ、ポッタリするまで練ります。

4. フライパンを中火で温め、バター10g、オリーブ油を入れます。肉を入れ、両面に焼き色をつけます。肉をとり出し、余分な脂をペーパータオルでふきます。

5. 4のフライパンにバター10gを入れ、弱火でたまねぎがしんなりするまでいためます。

6. 5にポルチーニを加えて混ぜます。肉をもどして強火にし、ワインを入れ、アルコール分をとばします。再度肉をとり出します。

7. 6を弱火にかけ、生クリーム、ポルチーニのもどし汁、水大さじ2を入れ、中火で2分ほど煮つめます。

8. 7に肉をもどします。ひと煮立ちしたら、塩、こしょうで調味します。肉、3を器に盛り、フライパンに残ったソースをかけます。

1人分493kcal　調理時間30分

主菜 | secondo piatto

Lonza di maiale alla Bolognese
豚ロース肉のチーズ焼き ボローニャ風

材料（2人分）
豚ロース肉…100g×2枚
　塩…小さじ¼
　こしょう…少々
　小麦粉（あれば強力粉）…大さじ½
　とき卵…1個分
生ハム…2枚（10g）
パルミジャーノチーズ…10g

バター…45g
オリーブ油…大さじ½
たまねぎ…½個（100g）
白ワイン…大さじ4
水…大さじ1½
ナツメグ…少々
塩・こしょう…各少々

〔つけ合わせ〕
ブロッコリー…適量

1. たまねぎは縦半分に切り、さらに繊維に対して直角に薄切りにします。パルミジャーノはおろします。ブロッコリーは熱湯でかためにゆでます。

2. 肉は脂が多ければ少し切りとります。肉たたきなどで両面を軽くたたきます。

3. 肉の筋を数か所切ります。塩小さじ¼、こしょうをふり、小麦粉を薄くつけ、余分は落とします。

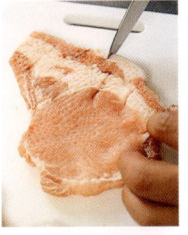

4. フライパンにバター15g、オリーブ油を中火で熱します。肉をとき卵にくぐらせてから入れ、両面に焼き色がついたらとり出します。

5. 4のフライパンの油をペーパータオルでふきます。弱火でバター30gを溶かし、たまねぎを入れ、しんなりするまでいためます。

6. たまねぎの上に肉をもどし、ハムとチーズをのせます。中火にし、ワイン、水大さじ1½、ナツメグを入れ、アルコール分をとばします。

7. ふたをして火を止め、1分30秒～2分むらします。肉に竹串を刺し、透明な汁が出たら、肉をとり出します。

8. フライパンに残った汁を煮つめ、塩、こしょうで調味し、ソースを作ります。器にソースを敷き、肉を盛り、ブロッコリーを添えます。
※ソースが煮つまりすぎていたら、水少々を加える。

1人分533kcal　調理時間25分

主菜 | secondo piatto

Polpette all' agrodolce
ミートボールの甘酢煮

材料（2〜3人分）

A
- 合びき肉…250g
- 卵…1個
- パルミジャーノチーズ（おろす）…30g
- パセリのみじん切り…大さじ1
- にんにく…1/3片
- 塩…小さじ2/3
- こしょう…少々

B
- パン粉…大さじ3
- 牛乳…大さじ3

- 小麦粉（あれば強力粉）…大さじ1 1/2
- 揚げ油…適量

C
- 水…200ml
- 赤ワインビネガー…大さじ2
- 砂糖…小さじ1
- ローリエ…1枚

- たまねぎ…1個（200g）
- オリーブ油…大さじ2
- 塩…小さじ1/4
- こしょう…少々
- スライスアーモンド…15g
- イタリアンパセリ（飾り用・あれば）…少々

※甘酢煮は冷凍保存できます（保存期間：約10日）。食べるときは、水少々をたし、鍋で煮直します。

1. アーモンドはフライパンで薄く色づくまでからいりします。Bは合わせて5分ほどおき、パン粉をしっとりとさせます。にんにくは芯をとり、みじん切りにします。

2. ボールにAとBを合わせ、手でよく練ります。
※全体がまとまるくらいまで練る。

3. 2を20等分して、丸め、粉をまぶします。
※丸めるとき、オリーブ油を手に塗ると、たねがくっつかず丸めやすい。
※粉はある程度多めにつけたほうが、揚げ油も汚れにくく、ジューシーに仕上がる。

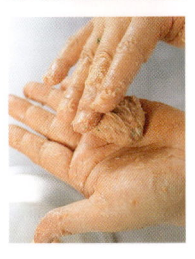

4. 揚げ油を高温（180℃）に熱し、3を3〜4分揚げます。

5. たまねぎを薄切りにします。厚手の鍋にオリーブ油を熱し、たまねぎを弱火で薄く色づくまでいためます。Cを加え、ひと煮立ちさせます。

6. 5に4を入れ、ふたをしないで、10分ほど煮ます。塩小さじ1/4、こしょうで調味し、器に盛り、アーモンドをふります。

（3人分として）1人分478kcal
調理時間35分

ミートボールを使って ················ **シェフのおすすめアレンジ**

ミートボールのトマト煮

材料（2〜3人分）
- ミートボール（上記）…20個
- にんにく（芯をとり、つぶす）…1/2片
- たまねぎ（みじん切り）…1/2個（100g）
- オリーブ油…大さじ1
- トマト水煮缶詰…1/2缶（200g）
- レーズン…10g
- 松の実…大さじ1（8g）
- 塩…小さじ1/2　こしょう…少々

1. レーズンはぬるま湯につけてもどし、松の実はフライパンで薄く色づくまでからいりします。

2. 鍋にオリーブ油、にんにくを入れて、弱火にかけます。香りが出たらたまねぎを加え、すき通るまでいためます。

3. 2にトマトを手でつぶしながら缶汁ごと加え、ふたをしないで、中火で3〜4分煮ます。レーズン、松の実、ミートボールを加え、時々混ぜながら、さらに3〜4分煮ます。塩、こしょうで調味します。

（3人分として）1人分436kcal　調理時間35分

主菜 | secondo piatto

濃いめの塩水でゆでると
魚はふっくらおいしくなります

Acqua pazza di orata
真だいの塩水ボイル

材料（2人分）

真だい*…1尾（400～500g）
　湯…2ℓ
　塩…大さじ1⅓
＊真だいの切り身2切れ（200g）でもよい。

〔ソース〕
イタリアンパセリ…2枝
にんにく…1片
グリーンオリーブ（種なし）…6個
ミニトマト…12個
オリーブ油…大さじ4
塩…小さじ¼

〔飾り用・あれば〕
イタリアンパセリ…適量
セルフィーユ…適量

1. たいはうろこをとります。腹を切り、内臓をとり出し、中まで洗って、水気をふきます。

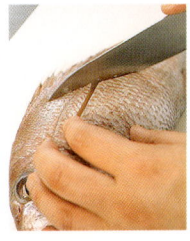

2. 表と裏に切り目を2本入れます（1、2は店でお願いしてもよい）。

3. パセリは、茎と葉を分け、葉はみじん切りにします。オリーブはあらみじんに切ります。

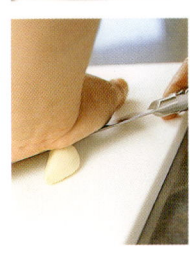

4. にんにくはつぶし、芯をとります。トマトは横半分に切ります。

5. 大きめの平鍋（またはフライパン）に、分量の湯、塩、パセリの茎を入れ、沸とうさせます。

6. 5にたいを入れます。沸とう直前の状態を保ちながら、ふたをしないで15～20分煮ます。くずさないように静かにとり出し、器に盛ります。

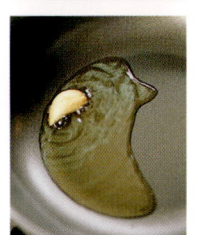

7. ソースを作ります。フライパンにオリーブ油、にんにくを入れ、にんにくが薄く色づくくらいまで弱火で熱します。

8. 7のフライパンの火を止め、オリーブ、トマト、パセリの葉、塩小さじ¼を加えて混ぜます。にんにくをとり出し、たいの上にかけます。

1人分399kcal　調理時間35分

主菜 | secondo piatto

Tonno Briaco alla Livornese
まぐろの赤ワインソース リボルノ風

材料（2人分）

まぐろ（さく）＊…200g
　塩…小さじ1/3
　こしょう…少々
　小麦粉（あれば強力粉）…大さじ1
にんにく（つぶして、芯をとる）…1/2片
たまねぎ…1/3個（70g）
オリーブ油…大さじ3

赤ワイン…50ml
水…大さじ1
パセリ…少々
塩…小さじ1/4
こしょう…少々

＊めばちまぐろなど、安いものでも充分おいしい。あれば赤身を使うとよい。

〔つけ合わせ〕
ほうれんそう…1/2束（100g）
にんにく（つぶして、芯をとる）…1/2片
オリーブ油…大さじ1/2
塩・こしょう…各少々
パセリ…少々

1. まぐろは4等分に切ります。塩小さじ1/3、こしょうをふり、粉を薄くつけ、余分を落とします。ほうれんそうは葉をつみとります。たまねぎ、パセリはみじん切りにします。

2. フライパンにオリーブ油大さじ1 1/2、にんにくを入れ、にんにくが薄く色づくくらいまで弱火で熱します。

3. 2にたまねぎを加え、薄く色づくまで、じっくりいためます。

4. 3のたまねぎを片側に寄せ、中火にします。オリーブ油大さじ1 1/2をたし、まぐろを入れ、両面に薄く焼き色がつくまで焼きます。

5. ワインを加えて煮立て、アルコール分をとばし、水大さじ1を加えます。ふたをしないで2〜3分煮ます。パセリを加え、塩小さじ1/4、こしょうで調味します。
※火を通しすぎると、パサパサになるので注意する。

6. 別のフライパンに油大さじ1/2、にんにくを入れ、弱火にかけます。香りが出たら、ほうれんそうをさっといため、塩、こしょう各少々で調味します。5と器に盛り、まぐろの上にパセリを散らします。

1人分319kcal　調理時間25分

デザート | dolce

生クリームたっぷりのリッチな味
チョコレートソースのコクが
味に深みを出します

Panna cotta con salsa cioccolato
パンナコッタ　チョコレートソース添え

材料（約120mlの器4個分）

〔パンナコッタ〕
A ⎡ 砂糖…70g
　⎣ コーンスターチ…10g
牛乳…150ml
生クリーム…360ml
板ゼラチン（または粉ゼラチン）…5g
バニラビーンズ（あれば）…½本

〔チョコレートソース**・180ml分〕
B ⎡ ココア…30g
　⎣ グラニュ糖…70g
熱湯…80ml
C ⎡ 製菓用チョコレート
　⎢ 　（あらみじん切り）…10g
　⎣ 生クリーム…40ml
ラム酒（ダーク・あれば）…小さじ1

〔飾り用・あれば〕
チョコレート…適量
金粉…少々

＊Aは粉糖80gで代用してもよい。
＊＊チョコレートソースは多めにできるので、好みの量を使う。残りは冷蔵庫で5日ほど保存できる。アイスクリームなどにかけてもおいしい。

1. 鍋にBを合わせ、熱湯を少しずつ加えて混ぜます。Cを加え、弱火にかけます。混ぜながら弱火で2分ほど煮ます。あら熱をとり、ラム酒を加え、冷蔵庫で冷やします。

2. 板ゼラチンはたっぷりの水につけ、15分以上おきます。バニラは種をしごきます。
※粉ゼラチンを使う場合は、水（大さじ3）にふり入れ、15分以上おきます。

3. ボールにAを合わせます。鍋に牛乳、バニラの種とさやを入れ、沸とう直前まで温め、ボールに少しずつ加えて混ぜます。鍋にもどし、生クリーム360mlを加えて混ぜます。

4. 3を中火にかけ、沸とうしたら弱火にし、たえず鍋底をこすりながら約10分煮て、火を止めます。板ゼラチンの水気をきって加え、溶かします。
※粉ゼラチンなら、ふやかしたものを入れる。

5. 4を万能こし器でこし、ボールに移します。ボールの底を氷水にあて、たえず底をこすりながらとろみをつけます。

6. 容器に等分に流し、冷蔵庫で冷やし固めます（約1時間）。型をぬるま湯にさっとつけてとり出します。ソースと一緒に器に盛ります。
1個分617kcal　調理時間30分
（固める時間は除く）

パンナコッタのバリエーション　　**シェフのおすすめアレンジ**

コーヒーパンナコッタ

材料（約120mlの器4個分）
上記のパンナコッタの材料
インスタントコーヒー…大さじ1
〔コーヒーソース〕
A ⎡ インスタントコーヒー…大さじ1
　⎢ 砂糖…大さじ1½
　⎣ 湯…大さじ2
生クリーム…40ml
コーヒーリキュール（あれば）…大さじ1

1. コーヒーソースを作ります。鍋にAを合わせ、中火にかけます。沸とうしたら、生クリームを加え、ひと煮立ちしたら火を止めます。あら熱をとり、リキュールを加え、冷蔵庫で冷やします。

2. 上記2～6と同じ要領でパンナコッタを作ります（3で牛乳と一緒にインスタントコーヒーを加えて混ぜる）。ソースと一緒に器に盛り、ミント、コーヒー豆（材料外・あれば）を飾ります。

1個分572kcal　調理時間25分（固める時間は除く）

デザート | dolce

Composta di pesca e prugna
桃とプルーンのコンポート

材料（4人分）
白桃…2個
〔シロップ〕
　水…500㎖
　白ワイン…250㎖
　砂糖…220g
　レモン（1cm厚さの輪切り）…½個
　バニラビーンズ（種をしごき出し、
　　さやと一緒に使う）…¼本
キルシュワッサー＊…大さじ1
プルーン…10個（100g）
クローブ（あれば）…2個
シナモンスティック（あれば）…¼本
ミントの葉（飾り用・あれば）…少々
＊さくらんぼから作るブランデーの一種。

いちじくとオレンジのコンポート
いちじくでも、同様にコンポートにできる。シロップをわかし、オレンジ1個（1.5cm厚さの輪切り）を加え3分ほど煮る。いちじく4個（皮をむく）を加え、再び沸とうしたら、3分煮る。火を止め、ラム酒（ダーク・大さじ1）を加えて冷やす。

1. ホーローかステンレスの鍋にシロップの材料を合わせ、中火にかけます。沸とうしたら、表面がフツフツとわいた状態（80〜90℃）を保ち、7〜8分煮ます。

2. 桃は皮つきのまま半分に切り、種をとります。1の鍋に種ごと入れ、強火にします。
※桃は色が変わりやすいので、鍋に入れる直前に切る。皮ごと煮ると、汁がピンク色になってきれい。また、種からもよい風味が出るので、一緒に煮る。

3. 2が沸とうしたら再び中火にします。ふたをしないで、時々スプーンで上下を返しながら、桃の表面がすき通ってくるまで2〜3分煮ます。

4. 火を止めてキルシュワッサーを加え、紙ぶたをし、余熱で火を通します。あら熱がとれたら冷蔵庫で冷やします（器に盛る前に皮を手でむく）。

5. 4からシロップを300㎖とり出し、鍋に入れます。クローブ、シナモンを加え、ひと煮立ちさせます。

6. 5が熱いうちにプルーンを入れ、あら熱をとります。冷蔵庫にひと晩おきます。
※桃、プルーンともに冷蔵庫で3〜4日保存できる。
1人分238kcal　調理時間20分（冷やす時間は除く）

缶詰を使って手軽に　　　　　　**シェフのおすすめアレンジ**
洋なしのコンポート

材料（2人分）
洋なし（缶詰）…約300g
A　缶詰の汁…50㎖
　　赤ワイン…200㎖
　　砂糖…大さじ3
レモン（輪切り）…¼個
クローブ（あれば）…1個
シナモンスティック（あれば）…¼本
バニラアイスクリーム…適量

1. 鍋にAを入れ、沸とうさせます。レモンの皮にクローブを刺し、シナモンと一緒に鍋に加えます。半量程度まで煮つめます。

2. 洋なしを1に加え、弱火で3分ほど煮ます。あら熱をとり、冷蔵庫でひと晩冷やします。

3. 器に盛り、アイス、セルフィーユ（材料外・あれば）を添えます。

1人分372kcal　調理時間15分（冷やす時間は除く）

デザート | dolce

Dolce di ricotta

リコッタチーズのアイスケーキ

材料（直径15cmのボール1個分）

リコッタチーズ（P93参照）…350g
A［生クリーム…160ml
　　グラニュ糖…15g
　　バニラエッセンス…少々］
B［卵…2個
　　グラニュ糖…70g］
C［生クリーム…150ml
　　グラニュ糖…15g
　　ラム酒（ホワイト）…大さじ2］

〔飾り用・あれば〕
チョコレート（薄くけずる）…適量
さくらんぼのシロップ煮…適量
スライスアーモンド（からいりする）…適量
ミントの葉…少々

1. Bは混ぜます。

2. ボールにAを合わせ、ボールの底を氷水にあてながら、八〜九分立てに、泡立てます。

3. 別のボールにチーズを入れ、泡立器で軽く練ります。Bを万能こし器でこし入れ、軽く混ぜます。2を加え、混ぜます。

4. 型に3を流し、冷凍庫で冷やし固めます（5時間〜ひと晩）。

5. Cをボールに合わせ、八分立てに泡立てます。

6. 4のボールの外側に温めたぬれぶきんをあて、皿にとり出します。5を全体におおいかぶせるように塗り、全体をならし、パレットナイフで角を立てます。チョコ、さくらんぼ、アーモンド、ミントを飾ります。

※生卵を使っているので、なるべく早く食べきる。

1/10切れで191kcal　調理時間25分
（冷やし固める時間は除く）

デザート | dolce

かたくり粉を使ったケーキ
しっとりしているようで
フワッと軽い食感です

Torta di Paradiso
パラディーゾ

材料（直径18cmの底の抜けない丸型・または18×8×6cmのパウンド型1個分）

A ┌ 薄力粉…60g
  │ かたくり粉…60g
  └ 重曹…小さじ1/4（1g）
無塩バター…100g
グラニュ糖*…125g

┌ 卵黄…2個
└ 卵…1個
バニラオイル…少々

＊上白糖でも作れる。ただし、焼き色が多少濃くなり、パラディーゾ独特のホロホロ感も出にくい。

〔飾り用・あれば〕
粉糖・挽いたコーヒーの粉…各少々
B ┌ 生クリーム…100mℓ
  └ グラニュ糖…15g
ミントの葉…少々

※パラディーゾの上に、粉糖、コーヒーをふる。Bを合わせて七～八分立てに泡立て、添える。

1. バターは室温でやわらかくします（指で軽く押すと跡がつくくらい）。Aは合わせて2回ふるいます。

2. 型にバター少々（材料外）を塗り、かたくり粉少々（材料外）を表面にまぶし、冷蔵庫に入れておきます。オーブンを170℃（ファンつき160℃）に予熱します。

3. ボールにバターを入れ、クリーム状になるまで練ります。グラニュ糖を2回に分けて入れ、白っぽくフワッとするまですり混ぜます。

4. 卵黄、卵は合わせてほぐします。3に4～5回に分けて加え、そのつどよく混ぜます。バニラオイルを加えます。
※バターと分離しないよう、卵は少しずつ混ぜる。

5. 4にAを再度ふるいながら3回に分けて加え、そのつど、ゴムべらで切るように混ぜます。

6. 5を型に流し、オーブンで30～35分焼きます。竹串を刺し、生の生地がついてこなければ焼きあがり。型からはずし、ふきんをかぶせてさまします。
※2～3日おくとよりおいしい。アルミホイルとポリ袋で包み、涼しい場所で5日ほどもつ。

1/10切れで249kcal　調理時間60分

パラディーゾによく合う…………………………………シェフのおすすめアレンジ

マスカルポーネソース

材料
マスカルポーネチーズ…40g
A ┌ 卵…1個
  │ 卵黄…1個
  └ グラニュ糖（上白糖でも）…40g
B ┌ 生クリーム…200mℓ
  └ グラニュ糖（上白糖でも）…30g
ラム酒（ホワイト・あれば）…少々
バニラエッセンス…少々

1. ボールにAを合わせます。60～70℃くらいの湯せんにかけながら、泡立器を持ち上げて、リボン状に落ちるようになるまで泡立てます。湯せんをはずしてさまし、やや余熱の残っているうちにチーズを混ぜます。ラム、バニラを混ぜます。

2. 別のボールにBを合わせ、1と同じくらいのかたさになるまで泡立てます。

3. 1に2を加え、混ぜます。好みの量をパラディーゾに添えます。

全量で1430kcal　調理時間20分

デザート | dolce

Granita d' arancia
オレンジのグラニータ

絶対に失敗なしの、かんたんドルチェ
口の中がさっぱりします

材料（約300㎖／4人分）
タロッコオレンジジュース*
　（果汁100％のもの）…250㎖
砂糖…20〜25g
グランマルニエ**…小さじ1
〔飾り用・あれば〕
ミントの葉…4枝

*通常のオレンジと違い、真っ赤な果汁が特徴。ブラッドオレンジジュースともいう。なければふつうのオレンジジュース（果汁100％）で代用してもよい。
**オレンジが原料のリキュール。コアントロー、オレンジキュラソーで代用してもよい。

作り方
1. ボールにオレンジジュース、砂糖、グランマルニエを合わせ、砂糖を溶かします。容器に流し、冷凍庫で冷やし固めます（6時間〜ひと晩）。
2. 1をフォークでかき、細かくします。器に盛り、ミントを飾ります。

1人分59kcal　調理時間5分（冷やす時間は除く）

1.

2.

紅茶のグラニータ

※湯400㎖と紅茶のティーバッグ3個（アールグレイが向く）で濃いめに煮出した紅茶液、砂糖を75g、レモン汁4〜5滴で紅茶のグラニータになる（約6人分）。作り方は同じ（好みで細切りのレモンピール少々を飾る）。

お店自慢のメニュー

下町情緒漂う、東京は日本橋の人形町。
リストランテ「アルポンテ」は、その一角で、
落ち着いたたたずまいを見せています。
厳選された素材は、シェフの確かな腕にかかり、
極上のひと皿に生まれ変わります。
かんたんで美味しいものから、
ちょっと手をかけた一品まで、
原シェフ秘蔵のとっておきレシピを、
ここでこっそり教えちゃいます。

お店自慢のメニュー

Rigatoni alla crema di funghi

材料（2人分）
リガトーニ*…150g
A ┌ 湯…3ℓ ＋ 塩…大さじ2
エリンギ…½パック（50g）
マッシュルーム
　…½パック（50g）
しめじ…½パック（50g）
バター…20g
オリーブ油…大さじ½
ローズマリー（あれば）…⅓枝
生クリーム…150㎖
パルミジャーノチーズ…20g
こしょう…少々
パセリ（みじん切り）…少々

*直径9～15mmの中空のパスタ。マカロニより太め。ペンネでもよい。

1. コロコロきのこの リガトーニパスタ

リガトーニは、生めんみたいにもっちりしているから、きのこの食感とよく合うんだ。ローズマリーは少量入れるだけで風味がグンとよくなるから、ぜひ入れたいね。

作り方

1. きのこは、ぬらしてかたくしぼったふきんで、表面を軽くふきます。エリンギ、マッシュルームは2cm角に切ります。しめじは小房に分け、さらに長さを2～3等分にします。パルミジャーノはおろし、仕上げ用に少々をとりおきます。

2. フライパンにバターとオリーブ油を入れ、中火にかけます。きのこ、ローズマリーを加え、きのこが色づくくらいまでいためます。

3. リガトーニをAでややかためにゆでます。

4. 2にリガトーニのゆで汁を50㎖ほど加え、少し煮つめます。生クリームを加え、2分ほど煮つめます。ローズマリーをとり出します。

5. 4にリガトーニを加え、1分ほど煮ます。火を止め、パルミジャーノ、こしょうを混ぜます。器に盛り、パセリ、仕上げ用のパルミジャーノをふります。

1人分773kcal　調理時間25分

2. ファルファーレの菜園風

店でもよく登場するパスタ。
今回はファルファーレだけど、スパゲッティでもOK。
野菜のうま味みが出ているから、パスタ以外に、
肉や魚のソテーのソースにしてもいいね。

Farfalle all' ortolana

作り方

1. トマトソースを作ります。厚手の鍋にオリーブ油大さじ2、たまねぎを入れ、弱火で薄く色づくまでいためます。トマトを手でつぶしながら汁ごと加えます。ローリエ、バジリコを入れ、ふたをしないで時々混ぜながら、20分ほど煮ます。塩で調味し、ローリエ、バジリコをとり出します。
2. ピーマン、マッシュルームは5mm幅の薄切りにします。ズッキーニ、なすは5mm厚さのいちょう切りにします。パンチェッタは5mm角の拍子木切りにします。
3. 鍋にオリーブ油大さじ3、にんにく、とうがらし、パンチェッタを入れ、中火でいためます。香りが出たら、オレガノを加えてひと混ぜし、Aを加え、しんなりするまでいためます。
4. 3にトマトソース、水100mℓ（材料外）を加え、ふたをしないで、約15分煮ます（途中で水気が少なくなったら、水少々をたす）。
5. Bでファルファーレをゆでます。器に盛り、4をかけ、パルミジャーノをふります。

1人分735kcal　調理時間35分

材料（2人分）

〔トマトソース〕
たまねぎ（みじん切り）…¼個（50g）
トマト水煮缶詰…¾缶（300g）
ローリエ…1枚
バジリコの葉…2枚
塩…小さじ1
オリーブ油…大さじ2

A
- 赤ピーマン…大¼個（40g）
- 黄ピーマン…大¼個（40g）
- マッシュルーム…½パック（50g）
- ズッキーニ…60g
- なす…1本（70g）

パンチェッタ（P95参照。ベーコンで代用可）…30g
にんにく（芯をとり、みじん切り）…小½片
赤とうがらし（種をとる）…¼本
オレガノ（乾燥）…少々
オリーブ油…大さじ3
ファルファーレ…150g

B　湯…3ℓ ＋ 塩…大さじ2

パルミジャーノチーズ（おろす）…10g

お店自慢のメニュー

作り方

1. ポルチーニはぬるま湯80mlで20分ほどもどし、かたい部分を除き、1cm角に切ります。もどし汁はペーパータオルでこし、とりおきます。
2. とり肉は皮を除き、2cm角に切ります。塩、こしょう各少々（材料外）をふり、粉をまぶします。パンチェッタはみじん切りにします。Aは1〜2cm角に切ります。Bは合わせます。トマトは湯むきをし、ざく切りにします。
3. 厚手の鍋にバターを溶かし、Aを弱火で10分ほどいためます。オリーブ油大さじ1をたして中火にし、とり肉を入れ、色が変わるまでいためます。パンチェッタ、ポルチーニを加えてひと混ぜします。
4. 3を強火にし、白ワインを加え、アルコールをとばします。B、ポルチーニのもどし汁、ローリエ、ローズマリー、トマトを加え、ふたをしないで、弱火で30分ほど煮ます。塩、こしょうで調味します。
5. Cでスパゲッティをかためにゆでます。
6. スパゲッティがゆであがる直前に、4の2/3量をフライパンに入れ、弱火で温めます。
7. 6にスパゲッティを加え、1分ほど煮ます。火を止め、半量のパルミジャーノを加えて混ぜます。器に盛り、残りの4をかけ、残りのパルミジャーノをかけます。

1人分768kcal　調理時間60分

3. とり肉と乾燥ポルチーニのラグーソース

ラグーソースは、ふつうはひき肉を使うんだけど、食感を楽しむため、あえて大きめにしてみたんだ。とり肉と野菜の味を、乾燥ポルチーニがうまくまとめてくれるよ。

Spaghetti al ragù di pollo e funghi porcini

材料（2人分）

- ポルチーニ…10g
  - ぬるま湯…80ml
- とりもも肉…300g
  - 小麦粉…小さじ1
- パンチェッタ（またはベーコン）…30g
- A
  - たまねぎ…1/2個（100g）
  - にんじん…50g
  - セロリ（筋をとる）…50g
- トマト*…小1個（100g）
- バター…20g
- オリーブ油…大さじ1
- 白ワイン…80ml
- B
  - トマトペースト…15g
  - ぬるま湯…300ml
- ローリエ…1枚
- ローズマリー…1/3枝
- 塩…小さじ1/2
- こしょう…少々
- スパゲッティ…160g
- C　湯…3l ＋ 塩…30g
- パルミジャーノチーズ（おろす）…15g

*トマト水煮缶詰の果肉2個（100g）で代用してもよい。

Spaghetti con bianchetti e mollica

材料（2人分）
- スパゲッティ…160g
- A ［湯…3ℓ ＋ 塩…大さじ2
- パン粉…20g
- にんにく（芯をとり、みじん切り）
  …小さじ¼
- こしょう…少々
- オリーブ油…大さじ½
- しらす干し…40g
- アンチョビ（フィレ）…1切れ（5g）
- パセリのみじん切り…大さじ1
- にんにく（つぶして、芯をとる）
  …1片
- 赤とうがらし（種をとる）…¼本
- オリーブ油…大さじ2½
- 〔飾り用〕
- パセリのみじん切り…少々

4. しらすとパン粉のスパゲッティ

しらすを使ってるから、なんとなく
和風っぽいけど、実はシシリア地方の
代表的なパスタなんだ。カリカリにいためた
パン粉をふると、食感もよくなるよ。

作り方

1. フライパンにオリーブ油大さじ½、にんにくのみじん切りを入れ、弱火にかけます。香りが出たら、パン粉を加え、中火にします。たえず混ぜながら、少し色がつくまでいためます（余熱でも色が濃くなるので、いためすぎないように注意する）。こしょうで調味し、とり出します。
2. 1のフライパンをさっとふき、オリーブ油大さじ2½、とうがらし、つぶしたにんにくを入れて弱火にかけ、香りが出たら火を止めます。アンチョビを加え、木べらでつぶします。にんにくをとり出し、パセリのみじん切り大さじ1、しらすを加えて混ぜます。
3. Aでスパゲッティをゆでます。
4. パスタがゆであがる直前に、2を弱火で温めます。パスタのゆで汁を大さじ2ほど加えて混ぜます。火を止め、スパゲッティを入れて、手早く混ぜます。器に盛り、1をのせ、パセリのみじん切り少々をふります。

1人分555kcal　調理時間20分

お店自慢のメニュー

5. ズッパディペッシェ
（魚介のスープ煮）

イタリアの代表的な魚の煮こみ料理。
フランスでいうところのブイヤーベースかな。
魚介のうま味が出たスープを、
パンにしみこませながら食べるのがおすすめ。

Zuppa di pesce

材料(2人分)

かさご・ほうぼう*…各1尾
　（1尾約200〜300g）
えび(有頭)…2尾（60g）
やりいか…小1ぱい（150g）
あさり(砂抜きずみのもの)…150g

A ┌ にんにく(芯をとる)…½片
　│ たまねぎ…¼個（50g）
　│ にんじん…20g
　│ セロリ…20g
　└ 赤とうがらし(種をとる)…½本

赤ワイン…100mℓ
トマト水煮缶詰…½缶（200g）
水…300mℓ
オリーブ油…大さじ3
イタリアンパセリのみじん切り…大さじ1
フランスパン…1.5cm厚さ×4枚
〔飾り用〕
イタリアンパセリ…1枝

*たい、めばる、そいなど、白身魚ならなんでも合う。
また、2種類以上の白身魚の切り身（300〜400g）でもよい。

魚介を入れたら、ふたをして
うま味を閉じこめる

これくらいの色に
なるまでしっかりいためて

作り方

1．Aはみじん切りにします。トマトはへたをとり、ざく切りにします（汁はとりおきます）。パンは、トースターで薄く色づくまで焼きます。

2．かさご、ほうぼうは、うろこ、えらをていねいにとります。腹を切り、内臓をとり出し、中まで洗って水気をふきます。あさりは殻をすり合わせてよく洗います。

3．えびは頭と尾を残して殻をむき、背わたをとります。いかは、足と内臓をはずし、軟骨をとって、胴の中を洗います。胴は皮をむき、2〜3cm幅の輪切りにします。足は吸盤をこそげ、2本ずつに切ります。

4．大きめの鍋（またはフライパン）に、オリーブ油、Aを入れ、弱火で野菜がしんなりするまでいためます。

5．4を中火にし、ワインを加え、煮立ててアルコールをとばし、さらに1分ほど煮つめます。とうがらしをとり出し、トマト（汁ごと）、水300mℓを加えます。沸とうしたら、かさご、ほうぼうを入れ、ふたをして、10分ほど煮ます。

6．5にえびを加え、えびの色が変わったら、あさりを入れ、あさりの口が開くまで3〜4分煮ます。いかを加え、1分半ほど煮ます。魚介類に火が通ったのを確認し、器にとり出します。

7．鍋に残った汁を再び火にかけ、少し煮つめます（すでに煮つまっているようならば、水を少量たして再び煮つめる）。味をみてうすければ、塩、こしょう各少々（材料外）で調味します。

8．魚介の上から7をかけます。パンを添え、オリーブ油½（材料外）、パセリのみじん切りを全体にふります。

1人分526kcal　調理時間40分

お店自慢のメニュー

Spaghetti al pomodoro fresco e tonno

材料（2人分）
フェディリーニ*…100g
A ┌ 湯…3ℓ ＋ 塩…大さじ2
たまねぎ…20g
　塩…少々
グリーンオリーブ（種なし）…3個
ツナ缶詰（あればライト）…60g
ミニトマト…8個
イタリアンパセリ…1枝
にんにく（芯をとる）…½片
B ┌ ケッパー…小さじ1（5g）
　│ ケッパーの汁…小さじ½
　│ レモン汁…⅛個分
　│ オリーブ油…大さじ1
　│ 塩…小さじ¼
　└ こしょう…少々
＊直径約1.4mmの細めのロングパスタ

6. ツナとトマトのサラダ風パスタ

本来の冷製パスタは、氷水で
しめたりしないで、こんなふうに、ゆでたての
熱々のまま、冷たいソースと合わせるものなんだ。
そのほうが味のなじみもいいからね。

作り方
1. たまねぎは薄切りにし、塩少々をもみこみ、水にさらして、水気をきります。オリーブは3〜4等分の輪切りにします。ツナはざっとほぐします。トマトは横半分に切ります。パセリは飾り用少々をとりおき、残りはみじん切りにします。
2. ボールににんにくの切り口をすりつけて香りを移し、Bを合わせて、1をあえます。
3. Aでフェディリーニをゆでます。
4. 2にフェディリーニを温かいうちに加え、あえます。オリーブ油小さじ1（材料外）を加え、さらに混ぜます。味をみてうすければ、塩、こしょう各少々（材料外）で調味します。器に盛り、飾り用のパセリを散らします。

1人分353kcal　調理時間15分

作り方
1. ドライトマトはぬるま湯（材料外）に15〜20分つけてもどします。種とへたを包丁の背でとり、3mm幅に切ります。
2. たこはひと口大の乱切りにします。エンダイブは手でひと口大にちぎります。
3. オリーブは包丁でペースト状になるまでたたきます。
4. ボールににんにくの切り口をすりつけて香りを移します。レモン汁、オリーブ油をボールに合わせ、たこ、ドライトマト、エンダイブ、パセリ、3を加えて混ぜ、こしょうで調味します。器に盛り、ボールに残った汁をかけます。

1人分106kcal　調理時間15分

7. ゆでだことドライトマトのサラダ

南イタリアでよく食べられているサラダ。たこがもちっとしているから、シャキッとした野菜がよく合うよ。エンダイブ以外だったら、水菜、チコリなんかもいいね。

Polpo e pomodoro secchi alle olive nere

材料（2人分）
ゆでだこ…80g
にんにく（半分に切り、芯をとる）…1片
ドライトマト…1片（5g）
黒オリーブ（種なし）…3個
レモン汁…小さじ1
オリーブ油…大さじ1
こしょう…少々
エンダイブ…20g
パセリのみじん切り…少々

お店自慢のメニュー

作り方
1. 薄力粉はふるいます。
2. じゃがいもはやわらかくなるまで皮ごとゆでます。熱いうちに皮をむき、裏ごしします（チーズおろしでおろしてもよい）。
3. じゃがいもが熱いうちにボールに入れ、中央をくぼませ、Aを加えて、手早く混ぜます。手でつぶしては重ね、あまり練りすぎないように全体をまとめます（切ってみて、断面がスポンジのようになっているとよい）。
4. 台に小麦粉（あれば強力粉・材料外）をふり、3をとり出します。めん棒で7〜8mm厚さにのばし、好みの大きさに切ります。
5. 油を高温（180℃）に熱し、4を入れ、時々返しながら、表面が薄く色づくまで揚げます。熱いうちに、塩少々（材料外）をふります。

1人分235kcal　調理時間25分

8. フワッと揚げたポテトフライ

Fritelle di patate

北イタリアの料理。生地はニョッキとほとんど同じだけど、油で揚げるのがちょっとめずらしいでしょ。
生ハムなんかと一緒に、前菜として出すといいよ。熱々を食べたいね！

材料（4人分）
じゃがいも…2個（250g）
A ┌ 薄力粉…80g
　│ 卵黄…½個
　│ ナツメグ…少々
　│ クミンシード（あらみじん切り）
　│ 　…少々
　│ 塩…小さじ⅛
　└ こしょう…少々
揚げ油…適量
〔つけ合わせ・あれば〕
サニーレタス・
　イタリアンパセリ…各適量

材料(4人分)
- いわし…6〜7尾(600g)
- 小麦粉(あれば強力粉)…大さじ1
- レーズン…20g
- 松の実…20g
- たまねぎ…1個(200g)
- 白ワイン…100㎖
- オリーブ油…大さじ4
- 塩…小さじ1/3
- こしょう…少々
- 白ワインビネガー…50㎖
- パセリ(みじん切り)…適量
- 揚げ油…適量

Sarde in saor

9. いわしのサオール

古代から作られている魚のマリネ。
酢がきいているのは冷蔵庫のない
時代の知恵だろうね。
たっぷり入れたたまねぎがポイント。
甘味が出るから、これがまたおいしいんだ。

作り方

1. レーズンはぬるま湯につけてもどします。松の実はフライパンで薄く色づくまでからいりします。
2. たまねぎは薄切りにします。
3. いわしは、頭と内臓を除き、三枚におろします。身を2〜3等分に切り、粉をつけ、余分を落とします。揚げ油を中〜高温(170〜180℃)に熱し、カリッと揚げます。熱いうちに塩少々(材料外)をふります。
4. 厚手の鍋にオリーブ油を熱し、たまねぎを入れます。弱火でこがさないように10分ほどじっくりいためます。中火にし、レーズン、ワインを加えて煮立て、アルコール分をとばします。さらに1〜2分煮て、塩、こしょうで調味し、火を止めます。ビネガー、松の実を混ぜます。
5. 熱いうちに、バットに4の1/3量を入れ、いわしを並べます。残りを上からかけ、パセリをふります。2〜3時間おきます。

※ひと晩おくと味がなじんでよりおいしくなる。冷蔵庫で2〜3日もつ。

1人分357kcal　調理時間25分
(漬ける時間を除く)

お店自慢のメニュー

10. 牛ロースのしゃぶしゃぶ風 グリーンソース

野菜をたっぷり、おいしく食べられるようにと考えた料理。
だから主役は野菜。あんまり冷たくしちゃうと
量を食べられないから、肉も野菜も常温で
さますくらいがちょうどいいよ。

Scalopine di manzo bollito con salsa verde

材料（2人分）

牛ロース肉（しゃぶしゃぶ用）…200g

〔野菜ブイヨン〕
- たまねぎ（薄切り）…40g
- にんじん（薄切り）…15g
- セロリ（筋をとり、薄切り）…20g
- 粒こしょう（黒）…5粒
- ローリエ…1枚
- 塩…小さじ2

にんじん…40g
セロリ（筋をとる）…40g
ブロッコリー…50g
かぶ…中1個

A
- レモン汁…大さじ½
- オリーブ油…大さじ1
- 塩…少々

〔グリーンソース〕
たまねぎ…60g

B
- パセリ…30g
- ケッパー…小さじ1（5g）
- バジリコの葉…5枚
- アンチョビ（フィレ）…1切れ（5g）
- オリーブ油…大さじ1½

赤ワインビネガー…小さじ½
レモン汁…小さじ1
塩・こしょう…各少々

〔飾り用・あれば〕
ルーコラ…8枚

パセリが余ったときに作っても

野菜は家にあるものでいいよ

作り方

1. 鍋に湯400㎖（材料外）をわかし、塩を除いた野菜ブイヨンの材料を加えます。再度沸とうしたら弱火にし、ふたをしないで10分ほど煮ます。塩小さじ2を加えます。牛肉を1枚ずつ入れ、さっと火を通してとり出し、さまします。

2. にんじん40g、セロリ40gは、3〜4mm角、4cm長さの拍子木切りにします。ブロッコリーは小房に分けます。かぶは8等分に切ります。Aは合わせます。

3. 鍋に湯1ℓ、塩小さじ1（各材料外）を入れてわかします。かぶを入れ、やや歯ごたえが残るくらいにゆで、とり出します。続けて、セロリ、にんじん、ブロッコリーの順に、それぞれさっと湯通します。Aとあえ、そのままさまします。

4. たまねぎ60gはみじん切りにし、塩少々（材料外）をもみこみます。水にさらして、ふきんやペーパータオルで水気をしぼります。

5. Bをミキサー（またはクッキングカッター）にかけ、ボールに移します。4、ビネガー、レモン汁小さじ1を混ぜ、塩、こしょう各少々で調味します。

6. 器に牛肉、3を盛り、ソース適量をかけ、ソースをからめて食べます。

※残ったグリーンソースは密閉容器に入れ、冷蔵庫で2〜3日保存できます。白身魚や肉のソテーにかけてもおいしい。

※野菜ブイヨンは、肉をゆでたあと、アクをていねいにとり、ポトフなどに利用するとよい。じゃがいもなどの根菜類を入れると塩気が緩和されるが、まだ塩からいようならば湯を適量たし、味をととのえる。

1人分487kcal　調理時間35分

お店自慢のメニュー

Pollo alla Romana

材料（2人分）
- とりもも肉…大1枚（300〜350g）
  - 塩…小さじ½
  - こしょう…少々
  - 小麦粉（あれば強力粉）…大さじ1
- 赤ピーマン…大½個（80g）
- たまねぎ…½個（100g）
- にんじん…30g
- にんにく（つぶし、芯をとる）…1片
- オリーブ油…大さじ2½
- トマト水煮缶詰…¾缶（300g）
- 白ワイン…大さじ4
- 塩…小さじ⅓
- こしょう…少々
- ルッコラ（あれば）…4枚

11. とりもも肉の ローマ風煮こみ

その名のとおり、ローマ地方のポピュラーな煮こみ料理。ピーマンを焼くのがちょっと手間だけど、こうすると甘味が出て、とり肉との相性がすごくよくなるんだ。

作り方

1. とり肉は、余分な脂肪をとり除き、ひと口大に切ります。塩小さじ½、こしょうをふり、粉を薄くつけ、余分を落とします。
2. ピーマンは、皮側をグリルでまっ黒になるまで焼きます。すぐ水につけ、薄皮、へた、種をとります。ひと口大に切ります。
3. たまねぎはひと口大に切ります。にんじんは2mm厚さのいちょう切りにします。トマトはへたを除き、ざく切りにします（汁はとりおきます）。
4. 鍋にオリーブ油、にんにくを入れ中火にかけます。香りが出たら、とり肉を入れて焼きます。表面の色が変わったら、たまねぎ、にんじんを加え、さっといためます。白ワインを加えて煮立て、アルコール分をとばします。
5. 4にトマトを汁ごと加え、ふたをしないで、時々混ぜながら弱めの中火で10分ほど煮ます。ピーマンを加え、さらに5分ほど煮て、塩小さじ⅓、こしょうで調味します。器に盛り、ルッコラを添えます。

1人分538kcal　調理時間30分

Soffritto

残り野菜の活用法 〜ソフリット〜

たまねぎ、セロリ、にんじんは、とかくイタリアンで使うことの多い香味野菜。
余ったら、ソフリットを作りましょう。ソフリットとは、これらの野菜をみじん切りにし、
オリーブ油でやわらかくなるまでいためて甘味を出したもの。
冷凍保存でき、いろいろな料理に活用できます。

材料
たまねぎ…1個（200g）
にんじん…½本（100g）
セロリ…1本（100g）
オリーブ油…大さじ3
※たまねぎ：にんじん：セロリ＝2：1：1が、ソフリットの基本の分量です。

作り方

1. 野菜はすべてみじん切りにします（A）。
※フードプロセッサーを使うとらくです。

2. フライパンにオリーブ油を熱し、1を入れます。こげないように時々かき混ぜながら、弱火で20分ほど、写真（B）のような色になるまでじっくりいためます（こげそうになったら水を少量たす）。あら熱をとります。

3. 小分けにし、保存容器や冷凍用ポリ袋に入れます（冷蔵庫で3〜4日、冷凍庫で約2週間保存できます）。

A　B

例えばこんな使い方

調理時間の短縮に

トマト水煮缶詰と一緒に煮て、調味すれば、あっという間にトマトソースのできあがり。また、「いためたまねぎ」感覚で、カレーやビーフシチューに使うと、料理にコクが出ます。

肉や魚料理のソースに

鍋で温め、ワインビネガーや好みのハーブ類、塩、こしょうを加えてソースに。ソテーしただけの肉や魚も、立派なひと品になります。

パスタソースに

温めて、アルデンテにゆでたパスタ、パルミジャーノチーズ（おろす）とあえるだけ（パスタのゆで汁少々を加え、ソフリットをゆるめるとからめやすい）。塩、こしょうで調味し、（好みで）けずったパルミジャーノをのせます。

Pomodori secchi

自家製ドライトマトを作ろう

トマトのうま味を凝縮させたドライトマト。市販品もありますが、
かんたんにできるので、挑戦してみましょう。
自家製は食感もやわらかく、ひと味違うおいしさです。

材料
ミニトマト…1パック（200g）
塩…4g（小さじ1弱）
オリーブ油…適量
※塩の分量は、トマトの重量の2％がめやすです。

作り方

1. トマトは横半分に切ります。

2. トマトに塩をふります。オーブン皿にアルミホイルを敷き、網をのせ、トマトを並べます。

3. オーブンを120℃（ファン付き110℃）に温めます。2を入れ、1時間半加熱します（A）。そのままさらに1時間半おき、余熱で乾かします。保存容器に入れ、かぶるくらいのオリーブ油をそそぎます（B）。

※天日干しで作ることもできます。2まで同様に作り、天日で半日〜1日干します。夏の暑い日が向いています。

A   B

例えばこんな使い方

そのまま食べてアンティパストに
うま味の凝縮したドライトマトはそのままでも充分おいしい。チーズなどを合わせても。

おいしいだしになります
ドライトマトにはうま味のもとになるアミノ酸が豊富に含まれているので、料理に使うとよい「だし」が出ます。魚、肉料理のソースに入れたり、パスタとあえてもおいしい。ドライトマトの塩分もあるので、仕上げの塩加減は控えめにしましょう。

ワンプレートイタリアン

イタリアンってむずかしそう。
特別な日にしか作れないわ、なんて思っていませんか。
相性のいい2品を、効率よく、
手早く作れるレシピを考えました。
これならふだんの日だって気軽に作れそう。
ワンプレートに盛り合わせて、ちょっとおしゃれな食卓に。

| ワンプレートイタリアン | piatto unico

Panino col pollo
とり肉のパニーノ
&
ミネストローネ
Minestrone

ミネストローネを作りながら、同じ鍋でとり肉をゆでて時間短縮
うま味も溶け出して、一石二鳥です

ミネストローネ

とり肉のパニーノ

材料（2人分）

とり肉のパニーノ
- ピタパン*…2個
- とりむね肉…1枚（250g）
  - 塩・こしょう…各少々
- ルーコラ…12枚
- 〔ドレッシング〕
- 粒マスタード…小さじ1
- バルサミコ酢…小さじ1
- オリーブ油…大さじ1½
- 塩…小さじ¼
- こしょう…少々

*フランスパン（10cm長さに切り、切り目を入れる）でもよい。

ミネストローネ
- たまねぎ…¼個（50g）
- じゃがいも…⅓個（50g）
- にんじん…20g
- キャベツ…1枚（60g）
- オリーブ油…小さじ1
- A ┌ 水…500ml
    └ ローリエ…1枚
- 固形スープの素…1個
- トマト水煮缶詰（果肉）…1個（50g）
- スパゲッティ（ゆで時間約10分のもの）…10g
- 塩…小さじ¼
- こしょう…少々
- 〔仕上げ用〕
- パルミジャーノチーズ…10g
- パセリ…少々

とり肉のパニーノ / ミネストローネ

1　（ミネストローネ）たまねぎ、じゃがいもは1cm角、にんじんは5mm角のさいの目切りにします。キャベツは2cm角に切ります。パセリはみじん切りにし、チーズはおろします。

2　鍋にオリーブ油小さじ1を入れ、たまねぎ、じゃがいも、にんじんをいためます。Aを入れ、沸とうさせます。

3　（とり肉のパニーノ）2にとり肉を入れ、ふたをしないで、時々アクをとりながら、10分ほど煮ます。とり肉をとり出し、再度ていねいにアクをとります。

4　（ミネストローネ）3にキャベツ、スープの素、トマト（手でつぶしながら）、スパゲッティ（3cm長さに折りながら）を入れ、弱火で10分ほど煮ます。

5　（ミネストローネを煮ている間に）パンを半分に切り、オーブントースターで軽く温めます。

6　とり肉を4～5mm厚さのそぎ切りにし、塩、こしょう各少々（材料外）をふります。ボールにドレッシングの材料を合わせ、とり肉をあえます。

7　パンにとり肉、ルーコラをはさみます（ボールに残ったドレッシングもパンにしみこませるとおいしい）。

8　4を塩小さじ¼、こしょうで調味し、器に盛り、チーズ、パセリをふります。

ワンプレート587kcal　調理時間30分

ワンプレートイタリアン | piatto unico

Pesce spada con salsa cappero
かじきのケッパーソース
&
カーチョエペペ（チーズとこしょうのパスタ）
Spaghetti al cacio e pepe

チーズをあえるだけで、おいしいパスタのできあがり
下ごしらえ不要のかじきが、スピードアップにひと役かいます

カーチョエペペ
（チーズとこしょうのパスタ）

かじきのケッパーソース

材料（2人分）

かじきのケッパーソース

- かじき…2切れ（200g）
  - 塩…小さじ⅓
  - こしょう…少々
  - 小麦粉（あれば強力粉）…大さじ1
- オリーブ油…大さじ1
- 〔ケッパーソース〕
- たまねぎ…30g
- ケッパー…小さじ2（10g）
- パセリ…少々
- 赤とうがらし…¼本
- 白ワイン…大さじ3
- レモン汁（または白ワインビネガー）
  …小さじ1
- こしょう…少々
- オリーブ油…小さじ1

カーチョエペペ（チーズとこしょうのパスタ）

- スパゲッティ（直径1.4〜1.6mm）
  …140g
- A ┌ 湯…3ℓ ＋ 塩…大さじ2
- オリーブ油…大さじ½
- パルミジャーノチーズ…25g
- 黒こしょう…少々
- トレビス*…½枚

*ルーコラ、レタスでもよい。

かじきのケッパーソース

1. たまねぎはみじん切りにします。ケッパー、パセリはあらみじんに切ります。とうがらしは、種をとり、小口切りにします。

2. かじきは大きければ半分に切り、塩小さじ⅓、こしょうをふり、粉をつけ、余分は落とします。

5. （スパゲッティをゆでている間に）フライパンにオリーブ油大さじ1を中火で熱し、かじきの両面に焼き色がつくまで焼きます。かじきをフライパンの片側に寄せます。あいたところにオリーブ油小さじ1をたし、そこへたまねぎ、ケッパー、とうがらしを入れ、さっといためます。

6. 全体にワインをかけて煮立て、アルコール分をとばします。かじきをとり出し、器に盛ります。フライパンにパセリを加え、こしょうで調味します。火を止め、レモン汁を加えて混ぜます。かじきにかけます。

ワンプレート597kcal　調理時間25分

カーチョエペペ（チーズとこしょうのパスタ）

3. Aをわかします。チーズはおろします。トレビスは食べやすい大きさに切ります。

4. スパゲッティをAでゆでます。

7. スパゲッティの水気をきり（ゆで汁はとりおく）、鍋にもどし、オリーブ油大さじ½、⅓量のパルミジャーノを混ぜます。ゆで汁50㎖、塩少々（材料外）で味をととのえ、器に盛ります。残りのチーズとこしょうをふり、トレビスを添えます。

ワンプレートイタリアン | piatto unico

Tagliata di maiale
豚ロース肉のタリアータ
&
パスタの卵焼き
Frittata di fedelini

タリアータは余熱でじっくり火を通します
その間に卵焼きをささっと仕上げましょう

パスタの卵焼き

豚ロース肉のタリアータ

材料（2人分）

豚ロース肉…80g×2枚
塩…小さじ⅓
こしょう…少々
オリーブ油…大さじ½
ミニトマト…6個
ルーコラ…6枚
〔ソース〕
オリーブ油…大さじ1
赤ワインビネガー…小さじ1
オレガノ（乾燥）…少々
塩…小さじ⅙
こしょう…少々

A ┌ 卵…2個
　│ パセリ…1枝
　│ 塩…小さじ½
　└ こしょう…少々
フェディリーニ
　（直径約1.4mmのパスタ）…160g
B ┌ 湯…3ℓ ＋ 塩…大さじ2
C ┌ バター…30g
　│ 牛乳…大さじ1
　└ パルミジャーノチーズ…30g
オリーブ油…大さじ1

豚ロース肉のタリアータ | パスタの卵焼き

1 トマト、ルーコラは食べやすい大きさに切ります。肉は筋を数か所、包丁の刃先で切り、塩小さじ⅓、こしょうをふります。

2 Bをわかします。チーズはおろします。パセリはみじん切りにします。

3 フェディリーニをBでゆでます。

4 （フェディリーニをゆでている間に）Aを合わせ、フォークで泡立てないように混ぜます。

5 （フェディリーニをゆでている間に）フライパンにオリーブ油大さじ½を中火で熱し、肉を入れて1分ほど焼き、裏返し、さらに1分ほど焼きます。火を止め、そのままおき、余熱で中まで火を通します。

6 フェディリーニの水気をきり、大きめのボールに入れ、熱いうちにCを加えて混ぜます。4を加えて、さらに混ぜます。

7 別のフライパンにオリーブ油大さじ1を中火で熱します。6を流し、ならします。弱火にし、4〜5分色づくまで焼きます。皿やフライパンのふたをあてて裏返し、再びフライパンにもどし、さらに裏面を4〜5分焼きます。4等分に切り、器に盛ります。

8 肉をとり出し、1cm厚さのそぎ切りにします。フライパンに残った肉汁に、オリーブ油大さじ1を加えてひと煮立ちさせます。ワインビネガー、オレガノを加えてひと混ぜし、塩小さじ⅙、こしょうで調味し、肉にかけます。トマト、ルーコラをのせます。

ワンプレート943kcal　調理時間35分

ワンプレートイタリアン | piatto unico

Pollo alla cacciatora
カチャトーラ（とり肉の狩人風）
&
ペンネパスタのカチャトーラソース
Penne alla sua salsa

カチャトーラのソースを、パスタの味つけにも使います
同じ味つけなのに、ボリュームのある2品料理に見えます

ペンネパスタの
カチャトーラソース

カチャトーラ
（とり肉の狩人風）

材料(2人分)

とり骨つきもも肉…2本(400g)
　塩…小さじ½
　こしょう…少々
　小麦粉(あれば強力粉)…大さじ1
A ┌ たまねぎ…½個(100g)
　│ にんじん…50g
　└ セロリ(筋をとる)…50g
にんにく…½片
オリーブ油…大さじ2
B ┌ トマト水煮缶詰…½缶(200g)
　│ 黒オリーブ(種なし)…8個
　│ 水…100ml
　└ ローリエ…1枚
塩…小さじ½
こしょう…少々

ペンネ…100g
C ┌ 湯…3ℓ＋塩…大さじ2
パルミジャーノチーズ…15g
オリーブ油…大さじ1
イタリアンパセリ(飾り用・あれば)
　…少々

カチャトーラ(とり肉の狩人風) / ペンネパスタのカチャトーラソース

1 肉は内側の骨にそって切り目を入れ、半分に切ります。塩小さじ½、こしょうをふり、粉をつけ、余分は落とします。

2 Aは1cm角のさいの目切りにします。にんにくはつぶして、芯をとります。オリーブは半分に切ります。

3 大きめの鍋(またはフライパン)にオリーブ油大さじ1、にんにくを入れ、弱火にかけます。香りが出たら、Aを加え、10分ほどいためます。

4 Aを端に寄せ、中火にし、オリーブ油大さじ1をたします。肉を入れ、焼き色をつけます。B(トマトは手でつぶしながら汁ごと)を加えます。時々混ぜながら、ふたをしないで、弱火で15分ほど煮ます。

5 (4を煮ている間に)Cをわかします。チーズはおろします。ペンネをCでゆでます。ゆで汁はとりおきます。

6 塩小さじ½、こしょうで調味します。肉を器にとり出します。

7 6の鍋に残ったソースの半量をフライパンに入れ、オリーブ油大さじ1、ゆで汁大さじ2加え、ペンネをあえます。火を止め、半量のパルミジャーノを加えてあえます。肉の横に盛り、残りのパルミジャーノをふります。

8 6の鍋に残ったソースを、肉にかけます。

ワンプレート801kcal　調理時間40分

ワンプレートイタリアン | piatto unico

Panino col verdura
野菜のパニーノ
&
じゃがいものココットグラタン
Patate al gratin

酸味のきいたさっぱりパニーノと
コクたっぷりのグラタンは相性バッチリ

じゃがいもの
ココットグラタン

野菜のパニーノ

材料（2人分）

野菜のパニーノ
- フランスパン…10cm長さ×2個
- ズッキーニ…大½本（100g）
  - オリーブ油…大さじ1
- なす…1個（70g）
  - オリーブ油…小さじ1
- トマト…1個（150g）
- モッツァレラチーズ*…1個（120g）
- レタス（あれば・くし形切り）…⅙個
- 〔マリネ液〕
- 赤ワインビネガー…小さじ1
- オリーブ油…大さじ1½
- 塩…小さじ⅔　こしょう…少々

*水に浸ったフレッシュタイプ

じゃがいものココットグラタン
- じゃがいも…大1個（200g）
- 牛乳…100mℓ
- 生クリーム…50mℓ
- 塩…小さじ¼
- ナツメグ…少々
- にんにく（芯をとる）…½片
- パン粉…小さじ1
- パルミジャーノチーズ（おろす）…少々

野菜のパニーノ / じゃがいものココットグラタン

#	野菜のパニーノ	じゃがいものココットグラタン
1	ズッキーニ、なすは縦に3～4mm厚さに切ります。塩少々（材料外）をふり、水気が出てきたら、ペーパータオルでふきます。マリネ液の材料を合わせます。	
2	フライパンに油大さじ1を中火で熱し、ズッキーニの両面を焼きます。塩少々（材料外）をふり、マリネ液に漬けます。続けて、フライパンをふき、油小さじ1を入れ、なすの両面を焼きます。塩少々（材料外）をふり、マリネ液に漬けます。	
3		じゃがいもは皮をむいて半分に切り、さらに5mm厚さに切ります（水にはさらさない）。皿に並べ、水大さじ1（材料外）をふり、ラップをして、電子レンジで約3分（600Wなら2分30秒）加熱します。
4	（じゃがいもを加熱する間に）トマト、チーズは約1cm厚さに切ります。	
5		小鍋に牛乳、生クリームを入れ、温めます。弱火にし、じゃがいも、塩、ナツメグを加え、時々混ぜながら、10分ほど煮ます。
6		（5を煮ている間に）ココット型（直径約8cm）ににんにくの切り口をすりつけ、バター少々（材料外）を塗ります。
7	（5を煮ている間に）パンは切り目を2本入れ、オーブントースターで温めます。切り目にマリネ液少々をふります。	
8		ココット型に5を煮汁ごと入れ、パン粉、チーズをふります。オーブントースター（または220℃のオーブン）で焼き色をつけます。
9	パンにズッキーニ、なす、トマト、チーズをはさみます。8と一緒に器に盛り、レタスを添えます。	

ワンプレート857kcal　調理時間35分

イタリアンでは
こんなものを使います

パスタ pasta

スパゲッティなどのロングパスタと、マカロニなどのショートパスタがあります。

スパゲッティ　直径1.6〜1.9mmと、いろいろな太さがあり、ソースによって使い分ける。一般的に、オイル系や軽めのソースには細め、クリーム系などこってりしたものには太めのものが合う。

リングイーネ　断面がだ円形をしたロングパスタ。オイル系からクリーム系まで、幅広いソースに合う。

フェディリーニ　直径約1.4mmの細めのロングパスタ。ゆで時間が5〜6分と短いので、手早く作りたいときに重宝する。冷製パスタに使うことも。

ペンネ　ショートパスタの代表的なもの。ペンの先のような形をしていることからこの名がついた。ショートパスタはこのほか、蝶形のファルファーレ、らせん形のフジッリなどがある。

保存方法…密閉し、冷暗所で。

スパゲッティ　リングイーネ
フェディリーニ　ペンネ

トマト pomodoro

イタリアンには欠かせない野菜。生、加工品、乾燥品などがあります。

トマト　完熟のものを選ぶ。完熟というと、ブヨブヨのものを想像しがちだが、赤く、実がしっかりしていて、上から見たとき中央にある白い部分の面積の大きいものがおいしい。

トマト水煮缶詰　安価で、年間を通じて味が安定している。丸ごとのホールと、カットされたダイスがあるが、どちらを使ってもよい。余ったら、冷凍用保存袋などに入れ、冷凍保存するとよい（1か月程度もつ）。

ドライトマト　その名のとおり、トマトを乾燥させたもの。ぬるま湯に15〜20分つけてもどし、へたと種を除いてから使う（もどさず、そのまま煮こみ料理などに使うこともある）。密閉し、冷暗所で保存する。

ミニトマト　甘味が強く、味が濃厚で、利用範囲が広い。

トマト　トマト水煮缶詰
ドライトマト　ミニトマト

にんにく　aglio

イタリアンの香りづけに欠かせません。料理によって、切り方を変え、香りだけをほんのりつけたいときは、ボールに切り口をすりつけ、その中で材料をあえることもあります。いずれの場合も、えぐみが出ないよう、芯はかならずとり除きます。

つぶす…まな板に置き、上から包丁の腹をあて、静かに押す。

みじん切り…縦横に切り目を入れ、小口から切る。

薄切り…芯を竹串で引っぱり出してから薄切りにすると、きれいなリング形に。めんどうなら縦半分に切り、芯を除いてから薄切りに。

保存方法…ネットなど通気性のよいものに入れ、風通しのよい冷暗所に置き、芽が出る前に食べきる。

チーズ　formaggio

パルミジャーノチーズ（正式名＝パルミジャーノ・レッジャーノ）　エミリアロマーニ地方で牛乳から作られるチーズ。イタリアンでもっとも出番が多い。

ペコリーノチーズ（正式名＝ペコリーノ・ロマーノ）　羊の乳から作られる硬質タイプのチーズ。

パルミジャーノ・ペコリーノの保存方法…ラップでぴったりとくるみ、さらに密閉容器、ポリ袋などに入れて冷蔵庫へ。風味が落ちるので、早めに食べきる。

モッツァレラチーズ　ピッツァ、サラダなどによく使われる。弾力があってやわらかく、味にクセがない。水に浸ったフレッシュタイプ（右写真）と、セミハードタイプがある。どちらを使ってもよいが、サラダなど加熱しないときはフレッシュタイプを使うことが多い。

リコッタチーズ　1度チーズを採ったあとの牛乳を再び煮て作る、あっさりしたチーズ。ドルチェなどに使われる。

イタリアンでは
こんなものを使います

オリーブ油　olio

収穫したオリーブをしぼったままの「エキストラバージンオリーブオイル」と、精製された「ピュアオリーブオイル」があります。加熱する場合は、ピュアオイルで充分ですが、料理の仕上げやサラダなどには、エキストラバージンを使うと、風味が断然違います。料理によっては驚くほど大量に使いますが、それがおいしさの秘訣。なるべくレシピの量に従います。

保存方法…冷暗所で。酸化しやすいので、なるべく早く使いきる。古くなってきたら、揚げもの（オリーブ油：サラダ油＝1：3くらいで混ぜる）に利用してもよい。

ケッパー（ケイパー）　cappero

フウチョウ科の木の花のつぼみを、酢漬け、または塩漬けにしたもの。この本のレシピではすべて酢漬けを使っています。そのままサラダに入れたり、きざんでソースの風味づけに使います。

保存方法…開封後は冷蔵庫で。

オリーブ　oliva

代表的なのはグリーンオリーブと黒（ブラック）オリーブで、種ありと種なしがあります。種を除くのが手間なので、種なしを使ったほうがよいでしょう。

保存方法…開封後は冷蔵庫へ。冷凍保存も可能（汁気をきり、小分けにする。1か月程度もつ）。

アンチョビ　acciuga

塩漬けにして発酵させたかたくちいわしを、オリーブ油に漬けたもの。缶詰、びん詰めが一般的で、フィレとロールがあります。料理には平らに並んだフィレのほうが使いやすいでしょう。

保存方法…開封後は（缶詰の場合は別容器に移してから）冷蔵庫で。

バルサミコ酢　balsamico

ぶどうを原料とし、長い期間をかけて熟成した酢。濃厚な香りが特徴で、熟成の期間によっては、非常に高価なものもあります。サラダなどの料理のほか、ドルチェにも使われます。

保存方法…冷暗所で。

ワインビネガー　aceto di vino

バルサミコ酢と同様、ぶどうから作る酢です。白ぶどうから作る白ワインビネガーと、赤ぶどうから作る赤ワインビネガーがあります。レシピ中では料理によって赤、白を使い分けていますが、少量であればどちらを使ってもかまいませんし、レモン汁でも代用できます。

保存方法…冷暗所で。

パンチェッタ　pancetta

豚ばら肉の塩漬けを乾燥させたもの。そのままアンティパストとして食べたり、料理のコク出しにしたりと、イタリアンではよく使われます。この本のレシピでは、すべてベーコンで代用できます。

保存方法…ラップでぴったり包み、冷蔵庫で。1週間〜10日ほどもつ。冷凍保存も可能（小分けにして、ラップでぴったりと包む。1か月程度もつ）。

ポルチーニ　porcino

きのこの一種。手に入りやすいのは、スライスして天日に干した乾燥品です。ぬるま湯で15〜20分もどして使います。もどし汁はうま味が出ているので、捨てずに使いましょう。意外と汚れているので、もどしたあとは表面の汚れをとり除き、もどし汁はペーパータオルでこして、土やごみを除きます。

保存方法…虫がつきやすいので、きっちり密閉し、冷暗所、または冷凍庫で（風味がおちるので、1か月程度をめやすに食べきる）。

La Cucina Italiana

イタリアンのお料理教室

ベターホーム協会編

調理・指導
原　宏治 ● はら こうじ

アートディレクション＆デザイン　山岡千春

撮影　岡本真直

リストランテ「アルポンテ」
RISTORANTE「AL PONTE」

東京都中央区日本橋浜町 3-3-1
トルナーレ日本橋浜町 2F
TEL 03-3666-4499

ベターホームのお料理ブック

*税込価格(5%)

実用料理シリーズほか
キッチンで使いやすい大きさ（A5判）

1. **かあさんの味** 四季の素材をいかした和風おそうざいとおせち172品。だしをきかせたうす味レシピ。 144㌻ 1050円
2. **家庭料理** 家庭でよく作られている、和洋中の人気おかず152品。この1冊で間に合います。 144㌻ 1050円
3. **おもてなし料理** 行事やおもてなしに向くオーソドックスなごちそう106品。献立手順もわかります。 144㌻ 1050円
4. **お菓子の基本** 家庭で作れる洋菓子を網羅。基本をプロセス写真で詳しく説明しています。 160㌻ 1575円
5. **手づくりパン** バターロール、食パン、メロンパン、クロワッサンなど46品。基本を写真で詳しく説明。 144㌻ 1575円
6. **お料理一年生** 道具や材料の扱い、保存など、お料理以前の基礎から、写真でわかりやすく説明。 192㌻ 1470円
7. **お料理二年生** 定番の家庭料理が絶対おいしく作れるコツをプロセス写真で詳しく説明。 192㌻ 1470円
8. **手づくり食品** ジャム、果実酒、とうふ、梅干し、みそなど本格的な味を楽しく手づくり69品。 160㌻ 1260円
9. **スピード料理** 手早く作れておいしい料理200品と、手早く作るコツ。忙しい方必携の本です。 160㌻ 1260円
10. **きょうのお弁当** 毎日作れるかんたんお弁当71メニュー、おかず245品。園児から社会人まで。 160㌻ 1260円
11. **野菜料理** 野菜名の50音でひける、おいしくヘルシーな料理308品。野菜がたっぷり食べられます。 192㌻ 1470円
12. **電子レンジ料理** 電子レンジで作れる、スピーディな料理158品。ポイントも写真で。 160㌻ 1260円
13. **おとなの和食** 四季の素材をおいしく味わう2人分の献立集。カロリー・塩分控えめ、手順はかんたん。 160㌻ 1470円
14. **ダイエットのひと皿** 健康的にやせられる低カロリーのおかず150品。見た目も、味も満足します。 144㌻ 1050円
15. **ひとり分の料理** ひとり暮らし、単身赴任の方に、栄養満点かんたん100献立、おかず184品。 144㌻ 1050円
16. **パーティ料理** ホームパーティ、おもてなしに。気のきいた和洋中の献立と料理135品。演出法も。 160㌻ 1260円
17. **お魚料理** 50音でひける魚介類98種の料理250品。扱い方のコツはよくわかるプロセス写真で。 192㌻ 1470円
18. **きょうの献立** 月ごとの献立100例、料理417品。毎日の悩みを解消し、献立の立て方も身につきます。 224㌻ 1575円
19. **お肉料理** かんたん、ボリューム、経済的な料理187品を肉ごとに紹介。マンネリ脱出。 160㌻ 1260円
20. **お米料理** おいしいごはんの炊き方と、丼、すし、ピラフ、パエリアなど和洋中200品。 160㌻ 1260円

食品成分表 日ごろ食べる分量の栄養成分を載せているので、今とった栄養がひと目でわかります。 320㌻ 1050円

なるほど、料理のことば 知れば料理がもっと楽しくなることば約600語の解説集。笑えるイラストつき。 224㌻ 1260円

かんたん美味 かんたんでうまいが1番！ おかず、酒の肴、デザート。日経新聞の連載レシピ。 160㌻ 1260円

お買い求め方法
＊大手書店、ベターホームのお料理教室で直接お求めいただけます。全国の書店からもお取り寄せできます。当社からお届けする場合は、2冊以上は送料無料でお届けします（1冊は送料100円）。

＊ベターホームの各種カタログ『本や道具、食材のカタログ』『お料理教室のご案内』などを差し上げます。お気軽にご連絡ください。ホームページでもご案内しています。http://www.betterhome.jp

おかずの本（B5判）

お気に入りおかず 超かんたんで経済的。ベターホームの先生たちが実際に作っている自慢のおかず集。 96㌻ 1260円

体にいいおかず 体調が悪い、風邪ぎみ、便秘ぎみ……ちょっと気になるときの料理194品。 96㌻ 1260円

作りおきのおかず さめてもおいしい、まとめづくり等、便利なおかず157品。安心して外出できます。 96㌻ 1260円

すぐできるおかず 主菜も副菜も20分以内、ひと鍋で作れるおかずばかり。共働きの主婦必携。 96㌻ 1260円

ムダなし かんたんおかず 冷蔵庫の残り野菜や調味料、乾物など食材を100％活用した料理276品。 96㌻ 1260円

ベターホームの 和食の基本 和食の定番88品。詳しいプロセス写真と、コツは五七五の俳句調でよくわかる。 128㌻ 1470円

20分で2品おかず 主菜と副菜、2品のおかずも、このとおり作れば20分以内で同時に完成！ 96㌻ 1260円

春夏のかんたんおかず 20分以内に作れる手間のかからない料理集。旬の素材、季節の味が満載。 96㌻ 1260円

秋冬のかんたんおかず 旬の食材や季節の味を手軽に調理。目先の変わったおかずや、鍋料理もたくさん。 96㌻ 1260円

おいしい おもてなし 前菜、メイン、サブの料理、ごはんと軽食を単品紹介。献立例、ディップなどの小品も。 96㌻ 1260円

料理できれいになる 美肌・若さのためのレシピ100。しわ、しみ、肌あれ、老化が気になる人に。 96㌻ 1260円

イタリアンのお料理教室 プロのコツを根掘り葉掘り聞きました。「アルポンテ」原宏治シェフの特選レシピ。 96㌻ 1260円

Quick & Easy New Style Japanese Cooking 『すぐできるおかず』の英語版。日本で暮らす外国人の方に。 96㌻ 1575円

Japanese Home Style Cooking すし、天ぷら、すき焼きなど代表的な日本料理を英語で紹介。 96㌻ 2415円

お菓子・パン・手づくりの本

かんたんおやつ プリン、ドーナツ、ホットケーキ、大学いもなど、手軽に作れる家庭のおやつ大集合。 96㌻ 1260円

すぐできるお菓子 マドレーヌやクレープ、ハーブクッキー‥手軽なお菓子68品。おやつにも大活躍。 96㌻ 1575円

焼くだけのお菓子 材料を混ぜてオーブンで焼くだけ。素朴でプレゼントにも喜ばれるお菓子43品。 96㌻ 1575円

冷たいお菓子 カルーアプリン、レアチーズケーキ、杏仁豆腐など、デザートにも向くお菓子57品。 96㌻ 1575円

私が作る和菓子 草もち、水ようかん、おはぎ、月見だんご、おしるこなど四季折々の和菓子77品。 96㌻ 1575円

私が作るパン 人気のパン46品とサンドイッチ。基本的な作り方と、ポリ袋でかんたんに作れる方法で。 96㌻ 1575円

初めて打つ そば・うどん そばとうどんの打ち方を詳しいプロセス写真で説明。おいしいレシピ付き。 96㌻ 1260円

かんたん手づくり食品 果実酒、キムチ、梅干しなど減塩・減糖の64品。初心者向けのかんたんレシピ。 96㌻ 1260円

編集	財団法人ベターホーム協会
発行	ベターホーム出版局

〒150-8363 渋谷区渋谷1-15-12
TEL03(3407)4871 FAX03(3407)1044
発行日 初版2004年12月1日 4刷2009年6月10日

イタリアンのお料理教室

ISBN978-4-938508-73-9